Knödel, Klöße
und andere runde Sachen

Knödel, Klöße
und andere runde Sachen

Egon M. Binder

Die Deutsche Bibliothek - CIP Einheitsaufnahme

Binder Egon M.:
Knödel, Klöße und andere runde Sachen /
Egon M. Binder.
– 2., überarb. und erw. Aufl. – Waldkirchen :
SüdOst-Verl., 1999
ISBN 3-89682-993-9

Bildnachweis:

Das Kartoffelmuseum,
Stiftung Otto Eckart, München:
S. 16, 35, 55, 70, 77, 95
Hoppe Fotografie,
Fotostudio für Werbung und Industrie: S. 9
Pfanni, Treffpunkt Küche, Heilbronn:
S. 14, 36, 45, 53, 56, 59, 64, 81, 85
InForm Verlags Service, Passau:
S. 11, 18, 21, 23, 25, 27, 31, 37,
62, 66, 76, 99, 101, 104
Karl-Heinz Paulus, Freyung:
S. 39, 40, 50, 89, 90, 92, 96
Egon M. Binder, Grafenau :
S. 52
C. P. Fischer BFF, München:
S. 61, 82, Titelfoto und Umschlag Rückseite

ISBN 3-89682-993-9

Dieses Werk ist einschließlich aller seiner Teile
urheberrechtlich geschützt. Jede Verwertung
außerhalb der engen Grenzen des Urheberrechts ist
ohne Zustimmung des Verlages unzulässig und
strafbar. Das gilt insbesondere für Vervielfältigungen,
Übersetzungen, Mikroverfilmungen und die
Einspeicherung und Verarbeitung in elektronischen
Systemen.

© 1999 SüdOst-Verlag GmbH, Waldkirchen 1999

Inhalt

Vorwort - Eine runde Sache... 6

Kloß- und Knödelpraxis 9

Die Kunst des Knödelmachens
im 18. Jahrhundert 10

Knödel nicht schneiden,
sondern aufreißen 12

Küchentipps fürs Knödelmachen 12

Knödel und Klöße »auf Eis« gelegt 15

Welche Knödel zu welchen Speisen? ... 15

Rezepte 17

Knödel als Suppeneinlagen 19

Als Kloß und Knödel
noch »Knöpfe« hießen 24

Die »Knödel-Madonna«
von Hocheppan in Südtirol 26

Klößchen und Knödel aus Fisch 30

Von »Knödelwürgern«
und »Knögelhenkern« 32

Wer mag den Kloß wohl
erfunden haben? 33

Es lebe der Knödel! 34

Semmelknödel 35

Karl Valentins Semmelnknödeln 40

Auch die Tochter des Kaisers
formte gern Knödel 43

Kartoffelkloß und Reibeknödel 49

Anglerglück durch Knödelreste 57

An den Knödeln sollt ihr sie erkennen .. 58

Gnocchi zum Karneval von Verona 60

Grieß-, Mehl-, Mais- und Reisklöße ... 65

Knödel-Wettessen 70

Knödel-Erinnerungen an
die alte Heimat Schlesien 72

Hefeklöße 73

Ein Prüfstein bei der Brautwerbung:
Knödel und Klöße machen 74

Den Knödeln gehört die Zukunft 74

»Er frißt sich knöteldick...« 77

Fleischklöße 78

Käse- und Quarkklöße 80

Knödellieder 84

Wild- und Pilzknödel, Klopse 86

Deggendorfer Knödelrezept 88

Klöße mit Obst: die süßesten Knödel ... 89

Gerichte aus Knödelresten 97

»Starfighter mit Knödeln
angegriffen...« 98

Alte bayerische Knödelrezepte 100

Urbairische Kost:
die Rottaler G'wichsten 102

Auch als Fertigprodukt ein Phänomen:
Kloß und Knödel aus der Packung 105

Auch das gab' s schon:
viereckige Knödel 106

Quellenverzeichnis 108

Register 109

Vorwort

**Eine runde Sache so recht zum Verlieben:
Knödel, Klöße und Klopse**

Wenn wir auch heute in einer Zeit leben, in der vieles global gesehen wird, also Internationalität gefragt ist, so gibt es Gepflogenheiten, die jeglicher Modeerscheinung trotzen und ohne die ein jeder Landstrich seine persönliche und deshalb so geliebte Nationalität wie Identität verlieren würde.

Denken wir einfach einmal an uns selbst, an die Bayern: Wie ein Fels in der Brandung ragen wir politisch, kulturell und besonders kulinarisch aus dem Allerlei der Fastfood-Welle heraus und verbergen auch nicht, dass wir weder unserer Tradition noch der barocken Lebensart abschwören wollen, und dazu zählen vor allem die Knödel zu unseren Lieblingsgerichten, die uns das Land unter dem weiß-blauen Himmel beschert.

Und damit wären wir schon beim Thema dieses Buches, das sich darüber freuen kann, sich bereits seit weit über einem Jahrzehnt in mehrtausendfacher Auflage als ein treuer Küchenbegleiter auf dem Markt gehalten zu haben.

Und dies bestätigt wiederum, dass die Liebe zu Knödel und Kloß nichts eingebüßt hat und nach wie vorgibt, dass nur der ein guter Koch, eine gute Köchin sein können, die sich auch auf diese Spezialität verstehen. Selbst die täglich tonnenweise produzierten Pommes frites können dieser Vielfalt an Knödel-Variationen als Beilage wie Hauptspeise nichts anhaben, und dies ist sehr erfreulich.

Sicherlich sind es vorwiegend die Bayern und Böhmen, die Österreicher und Tiroler, die sich an der Knödelfront als wahre Patrioten erwiesen haben. Doch das bedeutet nicht, dass diese herrlich dampfende Spezialität sich nicht auch außerhalb dieser Landesgrenzen großer Beliebtheit erfreuen würde. Dies hat auch seinen guten Grund, denn ein Knödel kommt bekanntlich nicht alleine auf den Teller, sondern erfordert eine ebenso schmackhafte Köstlichkeit als Beilage. Man denke nur an Gänse- und Entenbraten, an Schweinshaxe und gefüllte Kalbsbrust, und so ist sicherlich das Ausschlaggebende für die Liebe zum Knödel, dass er so recht Leib und Seele zusammenhält, wenn dazu auch noch eine entsprechende gute Soße kredenzt wird.

Vielleicht ist es aber auch schon die Form allein, die den Gabelgriff zum Knödel so beliebt macht, denn er ist bekanntlich rund und ragt auch noch über den Tellerrand heraus, und man sympathisiert mit anderen runden Sachen wie den Fuß- und Tennisball und als Kontrast dazu die Kuppeln der Münchner Frauenkirche, und wer den Faden weiter spinnen will, der wird sich dann in diesem Zusammenhang auch an die feschen Kellnerinnen erinnern, die jährlich Tausende von Knödeln an den Mann bzw. die Frau bringen.

Zugleich sind ja Knödel und Kloß so echte Verwandlungskünstler, denn es gibt sie als Suppe, Vorspeise, Hauptgericht und Nachspeise genauso, wozu es in diesem Werk die entsprechende Anleitung in einer Vielfalt gibt, die als Buch seinesgleichen sucht.

Der Knödel ist aber nicht nur beim Essen in aller Munde, sondern hat selbst in höchst kulturellen Bereichen Eingang gefunden, wenn selbst große Opernkritiker oft nicht umhin kommen, um sich des profan klingenden Ausdrucks zu bedienen, dass ein Tenor seinen Part etwas »knödelnd« zum Vortrag gebracht habe. Doch dieses, das Knödelessen abwertende Urteil, stört den Knödel-Freund keinesfalls, denn bei einem barocken Essen muss man halt den Mund einfach voll nehmen, umso recht aus dem Vollen leben zu können.

Wer dieses Buch aufmerksam liest, wird feststellen können, dass sich der Knödel über Jahrhunderte hinweg zu einem Stück guter Esskultur entwickelt hat, die alle sozialen Schranken, also die Speisenkarten von arm und reich, wie Ländergrenzen überwinden musste und deshalb zu einem völkerverbindenden Element geworden ist. Und nicht umsonst sagt man sich im Alpenländischen, dass derjenige, der gute Knödel kocht, nicht nur gut tanzen kann, sondern auch ein gutes Herz hat, der Knödel also als Ausdruck echter barocker Lebensfreude gilt - und das selbst im neuen Jahrtausend in Bayern, Österreich, Böhmen, Tirol und vielerorts anderswo...

Ein Stück dieser traditionsreichen wie völkerverbindenden Kultur in Ihre Küche zu bringen und Lob fürs gute Knödelkochen bei Ihren Familien und Ihren Gästen zu ernten, sollte die vornehmliche Aufgabe dieses Buches sein, das Knödel und Kloß ein verdientes Denkmal setzen möchte.

Egon M. Binder

Abb. Seite 9:
»Schlafende Kartoffeln«. Die Kartoffeln träumen
davon, einmal Knödel zu werden.

Kloß- und Knödelpraxis

Die Kunst des Knödelmachens im 18. Jahrhundert

Sehr ausführlich beschäftigt sich der 15. Band des »Großen vollständigen Universallexikons aller Wissenschaften und Künste, welche bißhero durch menschlichen Verstand und Witz erfunden und verbessert worden«, das im Jahre 1737 in Halle und Leipzig verlegt wurde, mit dem Knödelmachen. Unter dem Stichwort »Kloße, Knöpflein und Knötlein« ist folgende Definition (in Auszügen) über den Knödel und das Knödel- bzw. Klößemachen selbst ausführlich beschrieben:

Kloße, Knöpflein, Knötlein, seyn runde aus allerhand Fleisch, Fischen, Semmel, Mehl, Eyern, Hefen und Gewürtz, in beliebiger Größe bereitete Bälle oder Küchlein, welche hernach gar gesotten, oder in Butter gebacken, und Theils besonders in einer Brühe aufgesetzet, Theils bei gemischten Essen, Potages, und dergleichen verbrauchet werden. Bey ihrer Zubereitung ist fürnehmlich darauf zu sehen, daß sonderlich das Fleisch, so man dazu nimmt, klein gehacket, sie aber selbst wohl gewürtzet und fein lucker gehalten, auch so denn mit einem Rühr-Löffel so viel möglich, rund formiret werden, welches ein geschickter Koch gar leichte werckstellig zu machen weiß.

Klöße von Kalb-Fleisch

Wollet ihr Klöße von Kalb-Fleisch haben, machet es also: Nehmet derbes Kalb-Fleisch und schneidet alles Geäder und Haut aus, hacket es nebst einem halben Pfund Nieren-Talg, ganz klein, schlaget zwey Eyer daran, werffet Muscaten-Blühten, Salz und in Milch eingeweichete, und wieder ausgedruckte Semmel dazu, und mischet dieses alles durcheinander, daß es ganz klar wird.

Hernach machet Klöße daraus, so groß als ihr sie haben wollet, welche ihr hernach besonders kochen, oder an gemischte Essen und Potagen brauchen könnet.

Oder machet dergleichen Kalb-Fleisch zu rechte wie voriges, mischet auch Nieren-Talg, eingeweichete Semmel, Muscaten-Blühten, Ingber und Pfeffer darunter, rühret vier Eyer, und thut diese auch daran, menget dieses alles wohl durcheinander, salzet es, und machet daraus Klöße nach eurem Gefallen. Nach diesem setzet in einem Töpfgen Fleisch-Brühe an das Feuer, schüttet die Klöße hinein und lasset sie kochen, bereitet auch ein wenig weiß eingebrenntes Mehl, und thut es mit hinein, daß die Brühe ein wenig dickicht werde, richtet sie hernach an, streuet geriebene Semmel mit Muscaten-Blühten und Ingber vermischet darüber, und gebet sie hin. Vom Rind-Fleische werden sie ebenso gemachet.

Klöße in Rahm-Soße

Will man Klöße in Rahm-Soße gebacken haben, so netzet geriebene Semmel mit Rahm an, und rühret sie wohl untereinander, schlaget zehen Eyer darein, würtzet es mit Muscaten-Blühten und Salz, und rühret es mit etlichen Messer-Spitzen Mehl zusammen; es muß aber der Semmel-Teig nicht dünne seyn, sondern etwas starck, damit man Stückgen als ein Klös mit einem Rühr-Löffel auffassen könne, lasset hernach Schmalz auf dem Feuer heiß werden, nehmet mit einem Löffel von obigen Teig, Stücke aus dem Topf, gleich einem Klös, leget selbige in das heisse Schmalz, und backet sie ganz goldgelb heraus, setzet auch zugleich in einer Casserole oder Tiegel gute Milch auf das Feuer, werffet alle Zeit die heraus gebacknen Klöße hinein, so lauffen sie groß auf: Habt ihr nun derer so viel, als ihr gebrauchet, gebacken, so müsset ihr sie in der Milch eine Weile kochen lassen. Ferner schlaget drey bis vier Eyer-Dotter in ein Töpfgen, und quierlet diese klar, schüttet eine Messerspitze rohes Mehl dazu, ziehet die Milch von den Klößen an die Eyer-Dotter, welche aber stets müssen gerühret werden, sonst rinnen sie zusammen, leget noch ein Stück Butter darein, und lasset es ein wenig dicke werden, richtet die Klöße auf eine Schüssel an, und güsset die Brühe darüber, so sind sie fertig.

Klöße mit Hefen

Mit Hefen werden sie also gemachet: Vor das erste setzet Mehl in einer irdenen Schüssel an ein warmen Ort, rühret hernach ein paar Löffel gewässerte Hefen mit laulich gemachter Milch unter das Mehl, und saltzet es, daraus ihr Klöße verfertigen sollet, deren jeder so groß, als ein Dreyer-Brod seyn muß. Diese Klöße nun setzet auf einen Küchen-Deckel, und bestreut sie mit Mehl, setzet sie alsdenn an einen warmen Ort, so werden sie groß aufgehen, wenn sie nun gnug gegangen, so setzet einen Kessel mit Wasser auf das Feuer, und lasset es kochen, in solches thut hierauf die Klöße, welche auch kochen müssen. Inzwischen setzet in einer Casserole oder Tiegel Butter auf das Feuer, und wann sie nur zergangen, so läutert sie herunter in einen saubern Tiegel, richtet darnach die ausgekochten Klöße auf eine Schüssel an, und lasset sie mit der zerlassenen Butter zu Tische tragen, woselbst sie zerrissen, Stückweise in die Butter getuncket und verzehret werden.

Klöße von Semmel
Von Semmel machet Klöße also: Nehmet einen ziemlichen Theil geriebene Semmel, schlaget zwey auch wohl drey ganze Eyer darein, leget ein halb Pfund ausgewaschene Butter, Muscaten-Blühten und Salz dazu, würcket solches mit denen Händen oder Rühr-Löffel wohl durcheinander. Hernach setzet Wasser in einen Topf zu dem Feuer, werffet ein wenig Salz darein, und wenn dieses kochet, so leget die verfertigten Klöße, welche so groß als eine Welsche-Nuß müssen gemachet werden, hinein, und lässet sie nicht gar zu lange kochen: Bey dem Anrichten beschmieret eine Schüssel mit Butter, und thut die Klöße darauf, güsset ein wenig von der Brühe daran, streuet Muscaten-Blühten darüber, decket sie mit einer andern Schüssel zu, und lasset solche gleich zu Tische tragen.

Oder nehmet den halben Theil geriebene, und den andern halben Theil eingeweichete, und wiederum ausgedruckte Semmeln, schlaget drey Eyer daran, schüttet ein wenig gehackte grüne Petersilie, Zwiebeln, Muscaten-Blühten, kleine Rosinen, ein halb Pfund ausgewaschene Butter und Salz dazu, machen den Semmel-Teig ab, wie vorigen, formiret die Klöße nach euren Gefallen, kochet sie in Rind-Fleisch-Brühe ab, und richtet sie wie die vorigen an.

Klöße von frischem Speck
Von frischen Speck werden sie also zubereitet: Schneidet ein Pfund frischen Speck ganz klein, thut solchen hernach in einen Mörsel, und stosset ihn, daß er so geschmeidig als Butter wird, thut solchen wieder heraus in einem Tiegel, und rühret ihn mit drey ganzen Eyern an, und schlaget noch acht oder neun Stück Eyer-Dotter hinein: Ferner nehmet geriebene und eingeweichete Semmel, so viel, als ihr damit den abgerührten Speck mit denen Eyern zu einem Klös-Teig zwingen könnet, salzet diesen, und schüttet Muscaten-Blühten dazu, ist der Teig etwa zu starck, so sollt ihr ein Paar Eß-Löffel voll guten Rahm daran güssen, hernach machet kleine oder grosse Klöße, nachdem ihr sie zu gebrauchen habet, so sind sie fertig.

Semmelknödel

Diese werden gemeiniglich bey frischen oder geräucherten Schweinen-Fleische gekochet: Oder man schneidet Semmel und Speck, würfflicht, eines so viel als des andern, man setzet den Speck mit ein wenig Butter auf das Feuer, und wenn er geröstet hat, so thut man die vorige Semmel, und noch ein wenig klein geschnittene Semmel hinein, und lässet es zusammen rösten. Hernach schüttet man ein halb Pfund Mehl in eine andere Schüssel und rühret es mit Milch an, zu einem ziemlich starcken Teige, damit man Klöße daraus würcken könne, mische den gerösteten Speck und Semmel, in gleichen noch ein halb Pfund ganz klein würfflicht geschnittenen Speck darunter, machet Klöslein nach euerem Gefallen davon.

> Bäuerin: »Bauer, lach amoi!«
> Bauer: »Warum?«
> Bäuerin: »Damit i woaß, wie groß i d'Knödel machen muss.«
> *(Witz aus dem Niederbayerischen)*

Knödel nicht schneiden, sondern aufreißen

Bis in unsere Tage hinein ist der Streit über die knödelmäßige Essvorschrift noch nicht entschieden. Denn wenn man auch heute beim festlichen Tafeln überall damit beginnt, den Knödel genau wie andere Fleisch- und Mehlspeisen Stück für Stück zu schneiden, in die Soße zu tauchen und zu essen, schrieb die wohl bekannteste deutsche Kochbuchautorin unseres Jahrhunderts, Erna Horn, in ihren kulturhistorischen Betrachtungen rund um Knödel und Kloß:
Knödelmäßige Eßvorschriften gibt es nach wie vor, so darf man sie beileibe nicht schneiden, sondern muß sie aufreißen, damit sie locker bleiben und Soße schlucken können.

Seit altersher gilt der Spruch:
Wer einen Knödel schneid', ist ihn nicht wert!

Oder an einer anderen Stelle ihrer Betrachtungen:
Wird der kleinere Handknödel mit der Gabel auseinandergerissen, so ist es Tradition, den großen Egerländer Knödel mit einem starken Bindfaden in Scheiben zu schneiden. Ein Messer wäre dazu eine Beleidigung! Der große Hochzeitsknödel oder der Serviettenkloß werden schon in der Küche oben locker aufgerissen, also keineswegs geschnitten.

Küchentips fürs Knödelmachen

Aus Großmutters Kochbuch:
Kurze Anleitung: Bei der Teigbereitung ist darauf zu sehen, daß sich alle Bestandtheile gut miteinander verbinden und die Masse recht elastisch wird. Ist sie zu weich, so wird je nachdem noch etwas Mehl oder geriebenes Brot darangegeben, andernfalls Milch oder Wasser.

Kommen Semmeln dazu, so müssen sie 1-2 Tage alt sein. Gut ist es, erst ein Probekloß zu kochen, damit man sieht, ob der Teig die nöthige Konsistenz hat.

Gewöhnliche Klöße kann man mit einem Füllöffel abstechen und einlegen, feine sowie Klößchen müssen rund gedreht werden; letztere macht man nußgroß und noch kleiner; man dreht sie mittelst zweier in kaltes Wasser getauchten Kochlöffel oder mit den Händen, die vorher gereinigt und dann befeuchtet werden.

In einem breiten Geschirr macht man reichlich gesalzenes Wasser kochend, legt soviele Klöße hinein, als darin bequem Platz haben, deckt leicht zu und kocht solange, bis sie inwendig ganz trocken geworden sind. Man kann dies an einem dünnen Hölzchen sehen, welches man hineinstößt; klebt kein Teig mehr daran, wenn man es herauszieht, so ist der Kloß gar. Leber- und Fleischklöße dürfen innen weder roth noch röthlich mehr sein.

Knödelteig
Der Kloßteig ist dann richtig angemacht, wenn er sich leicht von der Schüssel löst. Er soll weder klebrig noch zu matschig und weich sein.

★

Sollen die Knödel schön locker gedeihen, gilt als Patentrezept, dass sie beim Anmachen nicht mit normalem, sondern mit kohlensäurehaltigem Mineralwasser zubereitet werden. Das kann auch geschehen, wenn z.B. im Rezept nur die Zugabe mit Milch angegeben ist. Hier kann so verfahren werden, dass man die halbe Menge Milch und die halbe Menge Mineralwasser zugibt.

★

Bei Zugabe von Eiern zum Kloßteig ist zu sagen, dass das Eigelb bindet, Eiweiß dagegen, vor allem dann, wenn es zuvor steif geschlagen ist, den Knödelteig lockert.

★

Hat man vor, Klöße aus gekochten Kartoffeln zu kredenzen, dann soll man die Kartoffeln schon am Vortag kochen.

★

In jedem Fall werden Knödel lockerer, wenn der Teig vor dem Formen und Kochen einige Zeit ruht.

★

Bereitet man Knödel und Klöße aus der Fertigpackung, so ist zuvor die Gebrauchsanweisung genau durchzulesen und sorgfältig zu beachten, vor allem die Flüssigkeit genau abzumessen und darauf Acht zu geben, ob kalte oder lauwarme Flüssigkeitszugabe vorgeschrieben ist.

Die besten Leberknödel erzielt man bei der Verwendung von Rindsleber. Die Knödel werden fester in der Konsistenz.

★

Bei der Zubereitung von Markklößchen empfiehlt es sich, eine Messerspitze Backpulver zuzugeben oder auch Natron, wobei der Natrongeschmack natürlich beim Kochen verflüchtet.

Knödel formen

Damit einem beim Formen der Teig nicht an den Händen kleben bleibt, tut man gut daran, Fleisch- und Fischklöße mit nassen, Mehl- und Kartoffelklöße mit bemehlten Händen zu formen. Bei abgestochenen Klößen verfährt man so, dass man den Löffel mit dem Teig zusammen so lange im siedenden Topf behält, bis sich der Kloß dann von selber löst.

Knödel kochen

Will man zuvor testen, ob man die richtige Konsistenz beim Knödelteig erwischt hat, soll man einen Probekloß formen und aufkochen lassen. Nicht immer ist das Obenschwimmen ein hundertprozentiges Zeichen für das Garsein, denn einige Knödel und Klöße haben die Eigenschaft, schon nach der halben Kochzeit an die Wasseroberfläche aufzusteigen.

★

Gibt man in das Wasser z.B. von »Knödel halb und halb« einen Esslöffel Öl, so kann man dadurch ein gegenseitiges Ankleben oder Ankleben am Kochtopf vermeiden.

★

Beim Kochen von Knödeln und Klößen muss man darauf bedacht sein, dafür einen möglichst großen und hohen Topf vorzusehen, damit sich die Knödel während des Garziehens gut »um die eigene Achse« drehen können. Die Wassermenge ist so zu bemessen, dass die Knödel ungefähr 5 cm überflutet sind.

★

Knödel und Klöße sollen beim Kochen nicht abgedeckt werden, umso ein besseres Beobachten zu ermöglichen.

★

Damit die Knödel bzw. Klöße schön glatt werden und gut in Form bleiben, soll man sie vor dem Einlegen in das Wasser in Mehl oder Speisestärke drehen. Bei rohen Klößen verwendet man am besten Speisestärke. Auch in das Kochwasser kann man vor dem Knödel-Einlegen einen Teelöffel Speisestärke, die zuvor in etwas kaltem Wasser angerührt wird, geben. Sämtliche Knödel müssen auf alle Fälle in kochend heißes Wasser eingelegt werden, da sie sich sonst auflösen. Das Wasser soll jedoch nicht sprudeln, sondern leise sieden.

★

Die geformten Knödel sollen in eine wallende Flüssigkeit (Salzwasser, Fleischbrühe, Fischsud) gegeben werden, damit sie nach dem Einlegen gleich weiterkochen. Nachdem die Knödel zur Wasseroberfläche aufgestiegen sind, ist bis zum Garpunkt die Temperatur zu mindern, um damit ein langsames Sieden einzuleiten.

★

Die Garprobe nimmt man am besten so vor, dass man einen Knödel mit zwei Gabeln auseinanderreißt. Dabei muss sich zeigen, ob der Knödel innen trocken und locker ist, d.h., er darf keinen mehligen oder teigigen »Stern« mehr haben.

★

Hefeknödel sind fertig gekocht, wenn eine eingestochene Stricknadel nach dem Herausziehen nicht mehr teigig ist.

★

Fleischklöße sollen grundsätzlich in Fleischbrühe statt in Wasser gekocht werden. Bei Fischklößen ist Fischsud zum Kochen zu verwenden.

★

Sind Knödel kalt geworden und sollen sie noch bei Tisch nachgereicht werden, so sind sie in kaltes Wasser zu geben, das man dann zum Kochpunkt bringt. Die Knödel dürfen aber dann nicht beliebig lange weitergekocht werden.

Knödel servieren

Was Knödel keinesfalls vertragen, ist das Warten auf ihren Verzehr. Sie müssen also vom Kochtopf her sofort serviert und gegessen werden.

Vor dem Servieren sind die Knödel mit einem Schaumlöffel aus dem Wasser zu hieven. Man lässt sie gut abtropfen. Und um sie möglichst warm am Tisch zu halten, tut man gut daran, eine vorgewärmte Porzellanschüssel bereitzustellen.

Knödel und Klöße »auf Eis« gelegt

Nach der Devise »einmal kochen - mehrmals essen« kann man sich auch mit Knödeln bevorraten. Das bringt den Vorteil mit sich, dass man bei einem Arbeitsgang gleich für die nächste Knödelmahlzeit Vorrat anschafft. Voraussetzung dafür ist natürlich, dass man ein Vier-Sterne-Gefrierfach hat. Bleiben also Knödel übrig, so kann man sie getrost in einen kleinen, gut verschließbaren Plastikbehälter geben und in das Gefrierfach stecken. In Plastikbeutel eingefüllt, kann man dazu auch - getrennt - die passende Soße für das nächste Mahl aufheben.

Kloß und Klößchen halten sich ohne größeren Geschmacksverlust 2-3 Monate. Aufgetaut werden die gefrorenen Knödel am besten gleich in Brühe, und zwar in kalter (!), man erhitzt diese und lässt die Knödel langsam darin ziehen. Oder man kann sie direkt in die mit Wasser verdünnte gefrorene Soße geben und bei geringer Temperatur in einem Topf auf der Kochplatte auftauen. Besonders gut bevorraten durch Einfrieren lassen sich Königsberger Klopse und Leberknödel.

Gut »in Form« bleiben die Knödel, wenn man sie, bevor sie in den Gefrierbeutel gesteckt werden, auf einer Platte vorgefriert. Dieser erste Arbeitsgang kann auch über Nacht im Kühlschrank geschehen.

Abb. Seite 14:
Schweinebraten mit Kümmelknödel und Krautsalat

Welche Knödel zu welchen Speisen?

Sicher gilt auch hier, dass die Knödelgeschmäcker verschieden sind, weshalb nachfolgende Hinweise über die Zuordnung der Knödelspeisen nur ein paar der guten Tips darstellen.

Böhmische Knödel
Zu Schweinebraten, Wild, Enten- und Gänsebraten, Ochsenschwanzragout, Schmorbraten, Gulasch.

Fischknödel
Zu Gemüsenudeln, Pilavreis.

Grießknödel, Topfenknödel
Zu Heidelbeerkompott, in gekochter Brühe zu Geräuchertem (z.B. Wammerl).

Hasenknödel
Zu Pilzgerichten, als Einlage in klare Pilzsuppe und Wildkraftbrühe.

Hefeklöße
Zu sauren Nieren, Gulasch, zu allen dickeren Soßengerichten.

Hirnknödel
Zu Spinat, Salzkartoffeln, als Einlage in klare Kalbsschwanzsuppe mit Estragonblättern.

Gekochte Kartoffelknödel
Zu Schweinebraten, Sauerbraten, Rinderbraten.

Käseknödel
Als Einlage in Hühnerkraftbrühe mit Gemüsestreifen.

Knödel halb und halb
Zu Schweinebraten, Enten- und Gänsebraten, Rinderbraten, Gulasch.

Leberknödel (gebacken)
Als Einlage in Rindsuppe und Hühnerbrühe, zu Kraut, Geräuchertem, Speckbrotzeiten.

Pilzknödel
Zu Wildgerichten, als Einlage in klare Suppen.

Reibeknödel
Zu Schweinebraten, Enten- und Gänsebraten, Rehbraten, Rehragout.

Sächsische Klöße
Zu Backobst.

Schwemmklößchen
Als Einlage in Gemüsesuppen, Fleischsuppen, Obstsuppen.

Seidene Klöße
Zu Sauerbraten, gekochtem Gemüse, Wildragout.

Semmelknödel
Zu Schweinebraten, Wildgerichten, saurer Lunge, Pfifferlingen in Rahm, Rehragout, Kalbsbraten.

Serviettenknödel
Zu Rinderbraten, Kalbsbraten, Sauerbraten, gekochtem Sauerkraut, Pilzgerichten.

Thüringer Klöße
Zu Schweinebraten, Enten- und Gänsebraten.

Tiroler Speckknödel
Zu Kraut, Geräuchertem, auch als Suppeneinlage.

5.
Auf einmal kommt herein die Sau
Und stößt die gute Nachbarsfrau.

Rezepte

Knödel als Suppeneinlagen

Knödel als Suppeneinlagen galten seit jeher nicht nur als Delikatesse für eine breite Schicht der Bevölkerung, sondern waren auch zu Hofe »salonfähig«. Kein Wunder, dass der Bayernkönig Ludwig II. auf die festlichen Menükarten in französischer Sprache die Hechtknödel (Quenelles de brochet) und eine simple Suppe mit Kartoffelknödeln (Consommé aux quenelles de pommes de terre) setzen ließ. Knödelsuppen durften auch bei einer Hochzeit oder beim Primizmahl eines Geistlichen, bei fürstlichen Empfängen und dergleichen Anlässen nicht fehlen. Sie waren Tafelfreuden, von denen man noch lange sprach.

Kein Wunder, wenn man heute in alten Kochbüchern blättert und darin Köstlichkeiten findet, die einem buchstäblich das Wasser im Munde zusammenlaufen lassen. Die berühmte böhmische Köchin und Kochbuchautorin Magdalena D. Rettig hat unter den mannigfaltigen, von ihr ausprobierten und überlieferten Leckerbissen auch eine besonders köstliche Suppe mit Krebs- und Leberknödeln aufgeschrieben. Hier das Rezept, ausreichend für sechs Personen.

Krebs- und Leberknödel

(Originalrezept)

»Hacke von einer Henne die Brust mit zehn Krebsschweifeln und 35 Gramm (2 Loth) Rindsmark klein, gib dazu zwei gerührte Eier und eine halbe abgeriebene, im Schmetten geweichte ausgedrückte Semmel, salze und würze es mit Muskatenblüte, dann mache daraus ganz kleine Knöderln, höchstens so groß, wie die kleinsten Haselnüsse, koche sie in der abgeseihten Rindsuppe, worin auch das Übrige von der Henne gekocht hat, und lege sie in die Suppenschüssel. Hacke die rohe Leber von der Henne wieder mit Krebsschweifeln und 18 Gramm (1 Loth) Rindsmark, gib es auf eine Schüssel, schlage dazu ein ganzes Ei und einen Dotter, gib dazu ein bißchen Krebsbutter und zwei Löffel voll geriebener altbackener Semmelbröseln, und ist es dünn, also noch mehr, salze und würze es mit Muskatenblüte, treibe es recht ab und dann mache daraus wie ein Federkiel dünne längliche Knöderln, koche sie in derselben Suppe, gib sie zu den ersteren und gieße die Suppe, worin dies alles gekocht hat, mit Muskatenblüte gewürzt und mit einem Löffel voll Krebsbutter geziert, darüber.«

Suppe mit gebackenen Knödeln

(Originalrezept)

»Koche entweder einige Kalbsbrieschen, oder geklopfte Kalbschnitzeln ohne Fett, oder ein Hühnchen, und schneide es auf kleine Stückchen; dann schneide frische junge Pilze, wasche sie in kaltem Wasser aus und laß sie mit kleingeschnittener grüner Petersilie auf Butter dünsten; wenn sie austrocknen, gib dazu das kleingeschnittene Fleisch und vier zerquirlte Eier, salze es gehörig und würze es mit Muskatenblüte, dann rühre es

Abb. Seite 18:
Verschiedene Suppeneinlagen

wie gerührte Eier und laß es ein wenig auskühlen; hierauf mache davon nach Belieben große Häufchen (z.B. wie eine kleine wälsche Nuß) auf Oblaten, welche mit einem aufgeschlagenen Ei benetzt sein müssen, ballire sie schön rund wie Knöderln, tunke sie in ein aufgeschlagenes Ei, zuletzt ballire sie in geriebener Semmel und laß sie in heißem Schmalz schön goldgelb backen; dann gib sie in die Schüssel und gieße darüber entweder die Schwammerlsuppe oder eine andere, mit ein bißchen weißer Einbrenn eingebrannte Suppe. Anstatt Pilzen kann man auch Morcheln oder Champignons nehmen.«

★

Der über den Kontinent der alten Welt meist verbreitete Knödel als Suppeneinlage ist wohl der Leberknödel. Und das seit altersher. Landschaftlich wie nationalitätenverschieden gibt es auch hier keineswegs ein Knödel-Einerlei, sondern ein Knödel-Allerlei.

Bayerische Leberknödel

*6-8 alte Semmeln, 1/4 l Milch,
250 g Rindsleber, 2 Eier,
1 TL gewiegte Zitronenschale,
1 Prise Salz, 1 Sträußchen Petersilie, Majoran,
Pfeffer, 1 EL Mehl, 1 kleine Zwiebel, 50 g Fett
(Butter oder Knochenmark)*

Im süddeutschen Raum kann man Knödelbrot, also bereits geschnittene, alte Semmeln, beim Metzger oder beim Bäcker kaufen. Ansonsten wird das alte Brot in ganz dünne Scheiben geschnitten. Dieses Semmelbrot wird dann mit der kochenden Milch überbrüht und zugedeckt, damit es durchweicht. Die Leber muss durch den Fleischwolf gedreht werden. Bevor aber die durchgedrehte Leber dem Knödelteig hinzugegeben wird, werden die Eier darübergeschlagen und die Gewürze hinzugegeben, ebenso das Mehl. Die Zwiebeln werden zuvor in Butter leicht angedünstet. Sollte sich der Teig beim Kneten als zu weich erweisen, kann mit Semmelbröseln etwas zur Festigkeit beigetragen werden. Die mit nassen Händen geformten Knödel werden in leicht gesalzenes Wasser gegeben, in welchem sie einmal aufgekocht und dann zum Ziehen gut 20 Minuten beiseite gestellt werden. Serviert werden sie in heißer Fleischbrühe, am besten Rindssuppe, oder zum Sauerkraut oder zu Geräuchertem. Mit ein bisschen Petersilie bestreut wirken sie beim Servieren noch attraktiver.

Wird ein bisschen Knoblauchgeschmack gewünscht, so schadet es keinesfalls, wenn man beim Vermengen des Knödelteigs ein bis zwei Zehen ausgepresst hinzugibt.

Leberknödel mit Hackfleisch

*50 g geräucherter Speck, 2 Zwiebeln,
50 g Butter oder Margarine,
250 g Rindsleber, 100-150 g Hackfleisch,
1/4 l Milch, 2 alte Semmeln, 2 Eier,
1 Sträußchen Petersilie, Salz, Muskat,
Majoran, Pfeffer*

Der fein gehackte Speck und die Zwiebeln werden in Butter oder Margarine leicht gedünstet, bevor sie der im Fleischwolf durchgedrehten Leber und dem Hackfleisch sowie den in etwas Milch (1/4 l) eingeweichten Semmeln, den Eiern und der fein gehackten Petersilie nebst Gewürzen hinzugegeben werden. Das Ganze muss gut durchgemischt und durchgeknetet werden, wobei man sich natürlich auch einer Küchenmaschine mit Knethaken bzw. Rührstab bedienen kann. Falls die Teigmasse zum Formen der Knödel noch zu klebrig ist, mischt man einen oder zwei Esslöffel Mehl oder Grieß darunter. Da sich die Knödel »freischwimmen« müssen, ist darauf zu achten, dass sie in dem mit Salzwasser oder auch schon mit Fleischbrühe gefüllten Topf genügend Platz haben. Zum Garziehen brauchen die Knödel rund 15 Minuten.

*Abb. Seite 21:
Bayerische Leberknödel*

Leberklößchen mit Kalbs- oder Poulardenleber

500 g durchwachsenes Schweinefleisch, 500 g Kalbs- oder Poulardenleber, 200 g Knödelbrot (fein geschnittenes Weißbrot), 1 Zwiebel, Salz, Pfeffer, 3 Eier, Petersilie, Schnittlauch

Fleisch, Leber, Weißbrot und die Zwiebel werden gemeinsam durch den Fleischwolf gedreht, mit Salz und Pfeffer abgeschmeckt, die Eier hinzugegeben, die Petersilie und der Schnittlauch darübergestreut. Diese Leberklöße werden am besten mit dem Löffel abgestochen und in die Fleischbrühe gegeben, in der sie garziehen müssen. Die kleinen Klößchen, die man auch zu kleinen Bällchen formen kann, werden in heißer Fleischbrühe serviert.

Leberknödel nach Elsässer Art

500 g Schweineleber, 100 g mageres Schweinefleisch, 1 Zwiebel, 3 Knoblauchzehen, 1 Lauchstange, 1 Sträußchen Petersilie, 50 g Mehl, 1 Prise Salz, 1 Prise Pfeffer, 2 Eier

Auch hier werden Leber und Schweinefleisch, Zwiebel und Knoblauch, Lauch und Petersilie durch den Fleischwolf gedreht. Das Mehl wird eingearbeitet, die Masse mit Salz und Pfeffer abgeschmeckt und dann die Eier zugegeben. Auch hier kommt es auf ein sorgfältiges Durchkneten der Teigmasse an. Am besten formt man die Knödel auf einem mit Mehl bestreuten Nudelbrett. Sind die Knödel wohl geformt, gibt man sie in siedendes Salzwasser und lässt sie dort gute 15 Minuten ziehen, bis sie an die Oberfläche steigen. Will man den Knödeln noch eine besondere Würze verleihen, so kann man sie in Fleischbrühe garen lassen.

Thüringer Klößchensuppe

250 g gekochtes Kalbfleisch, 4 EL Butter, 4 EL Mehl, 2 Eigelb, 2 EL Sahne, Pfeffer, Salz, geriebene Muskatnuss, 1 l Fleischbrühe

Das Fleisch wird zweimal durch den Fleischwolf gedreht, mit der schaumig gerührten Butter und dem Mehl vermischt, bevor das Eigelb und die Sahne sowie die Würzmittel zugefügt werden. Die Fleischklößchen werden mit einem kleinen Löffel abgestochen und in die kochende Fleischbrühe gegeben, in der sie 10-15 Minuten gegart und sofort serviert werden.

Grießnockerlsuppe

80 g Grieß, 1 Ei, 40 g Butter, Salz, Muskat

Das Ei und die weiche Butter gut schaumig schlagen, Grieß einrieseln lassen, salzen und mit Muskat würzen. Sofort mit einem Teelöffel kleine Nocken abstechen und ins kochende Salzwasser oder in eine gute Fleischsuppe einlegen. Etwa 10 Minuten kochen lassen, dann dürfen die Nockerl nur noch 15 Minuten ziehen, damit sie schön aufgehen können.

In die Suppe einlegen und mit Gelben Rüben oder Schnittlauch servieren.

Markklößchen

80-100 g Rindermark, 2 Eier, 100 g altes Weißbrot, Salz, Pfeffer, Muskatnuss, 1 TL Schnittlauch, 1 Sträußchen Petersilie

Das Rindermark wird aus dem Knochen gelöst, fein geschnitten und bei milder Hitze zerlassen. Ist das Ganze etwas abgekühlt, wird das Mark schaumig gerührt, die Eier beim Rühren hinzugegeben und auch das geriebene Weißbrot. Nach dem Würzen mit Salz, Pfeffer und Muskatnuss werden der fein gehackte Schnittlauch und die Petersilie daruntergemengt. Um gleich große Markklößchen zu erzielen, soll man den Teig in kleine Stücke zerteilen, rollen und dann zu etwa walnussgroßen Klößchen formen. Abschließend kann das Ganze noch mit etwas Mehl bestäubt werden, wodurch sich die Klößchen leichter formen lassen.

In siedender Fleischbrühe müssen die Klößchen 8-10 Minuten garen, bis sie wieder an die Oberfläche kommen. Ist der Teig zu fest, kann man ein bisschen Wasser bzw. Milch oder saure Sahne hinzumischen. Ist er zu klebrig, gibt man Mehl darunter.

Hirnknödel

1 Kalbshirn, 1 Zwiebel, 1 Bund Petersilie, 30 g Butter, 2 Eigelb, 50 g Semmelbrösel, 1 Tasse Milch, 1 EL Mehl, 1 Prise Salz, 2 Eiweiß

Nachdem das Kalbshirn gehäutet und gewaschen ist, gibt man die klein gehackte Zwiebel und Petersilie hinzu, um es dann in Butter leicht zu dünsten und zu verrühren. Eigelb, Semmelbrösel, Milch und Mehl werden mit Salz und Eiweiß vermengt und mit der Hirnmasse verrührt. Das Ganze lässt man 1/2 Stunde stehen, und formt kleine Knödel, die in Fleischbrühe aufgekocht werden.

Fleischklößchen aus Bratwürstchen

6-8 Bratwürstchen, 2 EL Mehl, 2 Eigelb, 2 EL Sahne, 2 EL Butter, 1 l Fleischbrühe

Das Brät der frischen Bratwürstchen wird gut mit den übrigen Zutaten vermengt. Eventuell ist beim Abschmecken das Ganze noch mit etwas Pfeffer, Salz oder Muskat zusätzlich zu würzen. Aus dem gut durchgekneteten Knödelteig werden mit einem kleinen Löffel Klößchen abgestochen und in die

Abb. Seite 23:
Grießnockerlsuppe

Als Kloß und Knödel noch »Knöpfe« hießen

Sprachforscher haben sich fast die Zähne an ihnen ausgebissen, an den Namen der Knödel und Klöße, woher sie stammen und wie man sie im Laufe der Jahrhunderte abwandelte. Vom althochdeutschen »Chnodo« oder »Knoto« sollen sie kommen, die Klöße und Knödel. Es musste auf alle Fälle etwas mit Knoten oder Kneten zu tun haben. Und dieses »Knoto«, das den Ursprung wohl im römischen nodus (der Knoten) bzw. nodulus (das Knötchen) hat, beherrschte lange Zeit in den Kochbüchern den Knödelnamen, der noch im 18. Jahrhundert als Knötlein erscheint.

Die Ober- und Niederbayern nennen ihre Leibspeis auch heute noch Kno'n oder Knödel, im Fränkischen klingt es dann mit Knödla und in der Oberpfalz mit Knö'l oder Kniadla nach. Und wer im Bayerischen ein tüchtiger Knödelesser ist, der hat gleich den Spitznamen »Knontiger« (Knon = Knödel) weg. Der Knödel passte sich natürlich den entsprechenden Dialektformen an. So heißt er in den neuen Bundesländern auch heute noch Kniddel, im Rheinland Knuddl. Die Königsberger Klopse dagegen leitet man vom Wort globuli, also von rund wie der Globus ab. In mittelalterlichen Zeiten war Kloß und Knödel unter den Bezeichnungen Knöpf und Knöpflin, Knöpflein und schließlich dann als Knötlein bekannt. Je nach dem mundartlichen Sprachgebrauch sind heute noch viele alte Namen für Knödel im Umlauf, so Kleese, Klössel, Bällchen, Flutte, um nur einige wenige zu nennen.

Kein Wunder also, dass man sich auch heute selbst im deutschsprachigen Raum auf eine einheitliche Namensgebung für diese runden Sachen noch nicht einigen kann. Doch alles hat seine Berechtigung, überall schmecken die Knödel ein bisschen anders aufgrund der verschiedenen Rezepte, denen wir in diesem Buch nachspüren möchten.

---

kochende Fleischbrühe gegeben. Nach zehnminütigem Durchziehen können die Fleischklößchen in der Fleischbrühe serviert werden.

Fleischklößchen

1 alte Semmel, 1 TL fein gehackte Zwiebel, 1 EL Butter oder Margarine, 250 g Fleisch (Rind- und Schweinefleisch gemischt), 1 Ei, Salz, Pfeffer

Die zuvor in etwas lauwarmem Wasser eingeweichte, dann aber wieder ausgepresste Semmel wird gemeinsam mit der gehackten Zwiebel leicht in Fett angebräunt. Das Fleisch dreht man am besten gleich zweimal durch den Fleischwolf und gibt dann die übrigen Zutaten hinzu. Die Masse muss gut durchgeknetet sein, bevor der Teig dann, in kleine Knödel geformt, in kochendes Salzwasser oder auch in Fleischbrühe gegeben wird, wo man die Klößchen rund 10-15 Minuten ziehen lässt. Auch Fleischklößchen serviert man am besten in heißer Fleischbrühe.

Klößchen aus Kalbfleisch

150 g mageres Kalbfleisch, 5 EL Sahne, Salz, Pfeffer, 2 Eigelb

Das Fleisch wird in feine Streifen geschnitten und mit 1-2 Esslöffeln Sahne vermischt. Salz und Pfeffer kommen hinzu. Alles zusammen wird in der Küchenmaschine oder im Fleischwolf püriert. Der Rest der Sahne und das Eigelb werden vor dem Kneten hinzugegeben, die Masse soll möglichst locker bleiben. Von dem Fleischteig werden kleine Klößchen mit einem Teelöffel abgestochen und in bereits siedendem Salzwasser gegart.

Schinkenklößchen

50 g Butter, 2 Eigelb, 1 TL Petersilie, 100 g Schinken, Salz, Pfeffer, 2 Eiweiß, 50-80 g Semmelbrösel, 1 EL Mehl

Butter und Eigelb werden schaumig geschlagen und mit der fein gehackten Petersilie

Abb. Seite 25: Fleischklößchen

Die »Knödel-Madonna« von Hocheppan in Südtirol

Wer sich einmal in die Geschichte der Knödel vertieft hat, diese Spezialität besonders schätzt und glaubt, es hier mit einer Speise von großer kulinarischer Geschichte zu tun zu haben, der wird kaum daran zweifeln, dass es sogar eine »Knödel-Muttergottes« gibt. Ja, fürwahr! Es gibt sie an der Südtiroler Weinstraße in der Burgkapelle des Schlosses Hocheppan, die rund 25 km von Meran entfernt zu finden ist. Sicher wurde Eppan in den zwei Jahrtausenden seiner Geschichte am südlichen Abhang der Alpen nicht durch die Knödel weltbekannt, vielmehr war es der Wein, der dort gedieh. Römische Cäsaren tranken Eppaner Wein, Glaubensboten der katholischen Kirche erbauten schon im fünften Jahrhundert nach Christi Geburt Gotteshäuser. Und man ist mit Recht stolz auf die Geschichte, denn in Eppan schlug das politische Leben des Mittelalters blutig und machtgierig immer wieder brandende Wellen, wie die Bevölkerung dieses Südtiroler Ortes ihre Geschichte geschildert haben will. Und im Schloss Hocheppan der einstmals welfischen Grafen von Eppan, die die Herren der Grafschaft Bozen waren, gibt es eine Kapelle mit gar wundervollen und noch gut erhaltenen Fresken. Sie zeigen die wohl älteste Darstellung einer Knödel-Esserin auf der ganzen Welt. In der Burgkapelle, unter der »Knödel-Madonna« abgebildet, ist eine Frau, der Darstellung nach einer Klosterfrau ähnlich, die aus einer Pfanne, die über ein offenes Feuer gestellt ist, Knödel isst. Interessant erscheint das Essbesteck, mit dem sie die Knödel zum Munde führt. Diese Gabel ist halb Messer, halb Gabel, also ein Knödelmesser, wie es im 13. Jahrhundert üblich war und auch in anderen zeitgenössischen Darstellungen überliefert ist. Dieses Fresko stammt aus dem Jahre 1280. Zugleich ist diese Darstellung ein Beweis dafür, dass in herrschaftlichen Kreisen die Knödel beliebt waren, und das in einem Landstrich, hier sei der Fremdenverkehrsprospekt von Eppan zitiert, »wo das Mittelalter zu einem berühmten Adelsparadies wie sonst nirgendwo in deutschen Landen so herrlich verebbte«.

und dem fein gehackten Schinken vermengt, dazu Salz und Pfeffer als Würze. Mit dem Schneebesen schlägt man das Eiweiß und gibt es mit den Semmelbröseln und dem Mehl zum Knödelteig. Zu kleinen Klößchen geformt, werden diese in das leicht kochende Salzwasser gegeben, wo sie rund 10 Minuten ziehen. Serviert werden sie am besten in Rindssuppe.

Petersilienklößchen

*2 EL Butter, 2 Eier,
4 EL Mehl,
1 Tasse Milch,
1 Prise, Salz, Muskatnuss,
1 TL fein gehackte Petersilie*

Die flaumig gerührte Butter wird mit den Eiern verrührt. Dann werden Mehl und Milch beigemischt und so lange gerührt, bis eine feste Masse entsteht. Dann erst die Gewürze darüberstreuen und vermengen. Die Petersilienklößchen sticht man mit einem Teelöffel ab und gibt sie in die Fleischbrühe, wo man sie 3-5 Minuten ziehen lässt.

Milzknödel, gebacken

*3 alte Semmeln, 150 g Rindermilz,
1/8 l Milch, 1 Ei,
1 Prise Salz, Pfeffer, Majoran,
1 TL abgeriebene Zitronenschale,
1 Knoblauchzehe, 3 EL Semmelbrösel,
Fett zum Ausbacken*

Die Semmeln werden fein geschnitten, die Milzstücke durch den Fleischwolf gedreht. Darüber gibt man die Milch und das Ei. Gemeinsam mit Salz, Pfeffer, Majoran, der ge-

*Abb. Seite 27:
Semmel- und Petersilienklößchen*

riebenen Zitronenschale und der fein zerdrückten Knoblauchzehe wird der Teig vermengt und geknetet, zusammen mit den aufgeschnittenen Semmeln. Mit der Zugabe der Semmelbrösel wird das Ganze etwas konstanter gebunden. Die wohlgeformten Knödel werden in das schwimmende Fett gegeben und gebacken, bis sie goldgelb sind. Dann nimmt man sie wieder heraus und gibt sie zum Servieren in eine ebenfalls gut erhitzte Fleischbrühe.

Semmelklößchen

2 EL Butter, 1 Ei, 1 Prise Salz,
3 EL Semmelbrösel

Die Butter wird zuerst schaumig gerührt, dann das geschlagene Ei und das Salz hinzugegeben sowie die Semmelbrösel und alles zu einem geschmeidigen Teig geknetet. Damit die Klößchen locker werden, soll man den Teig rund 1/2 Stunde stehen lassen. Dann walnussgroße Klößchen formen, die in der Fleischbrühe 5 Minuten langsam gekocht werden müssen. Mit Fleischbrühe servieren.

Reisklößchen

100 g Reis, 1/4 l Fleischbrühe, 1 Ei,
1 TL Butter, 1 TL Curry,
1 TL Petersilie, 2 EL Semmelbrösel

Der Reis muss in der kochenden Fleischbrühe in ungefähr 15 Minuten gar quellen. In noch warmem Zustand wird er mit den übrigen Zutaten vermengt und zu kleinen Klößchen geformt, die in kochendem Salzwasser in ungefähr 10 Minuten garziehen. Diese Reisklößchen eignen sich besonders als Einlage in Tomatensuppe.

Kartoffelklößchen, Suppeneinlage

*80 g Butter, 1 Ei, 350 g Kartoffeln,
50 g Mehl, Muskatnuss, 1 Prise Salz*

Die flaumig gerührte Butter wird mit dem Ei und den zuvor gekochten, geschälten und passierten Kartoffeln sowie dem Mehl verknetet. Dazu gibt man Muskatnuss und Salz. Zwischen beiden Händen formt man walnussgroße Knödel, die in Salzwasser ca. 10 Minuten gekocht und in heißer Rindssuppe serviert werden.

Fränkische Hochzeitssuppe

*250 g Butter, 6 Eier,
250 g Semmelbrösel,
Salz, Muskat*

Nachdem man die Butter schaumig gerührt hat, werden die Eier und die Semmelbrösel hinzugegeben. Dann wird das Ganze mit Salz und Muskat abgeschmeckt, gut durchgerührt und 1/2 Stunde zum Ziehen zur Seite gestellt. Zu kleinen Klößchen geformt, 10-15 Minuten gekocht und in der Brühe serviert, zählen sie in Franken wie auch in Schwaben zum hochzeitlichen Festschmaus.

Schwemmklößchen

*1/4 l Milch, 30 g Butter, 125 g Mehl,
3 Eier, Salz, Muskat*

Die Milch wird gemeinsam mit der Butter leicht aufgekocht, anschließend das Mehl hinzugefügt und alles so lange verrührt, bis die Masse einen großen Kloß bildet, der sich leicht vom Topfboden löst, bzw. bis der Teig am Löffel hängen bleibt. Die Eier werden dann nacheinander eingerührt und der Teig mit Salz und Muskat abgeschmeckt. Von dem Schwemmklößchenteig sticht man mit einem angefeuchteten Teelöffel Klößchen ab und gibt sie in heißes Wasser, wo sie in ca. 3 Minuten garziehen. Gut zu servieren sind Schwemmklößchen in Fleisch- und Gemüsesuppen.

Käseklößchen

*3 EL Parmesan, 2 EL Kartoffelmehl,
1 Ei, 5 Eigelb, Geflügelglace, Pfeffer,
Muskat, Salz*

Der Parmesankäse, Kartoffelmehl, das Ei, Eigelb und Geflügelglace werden gut vermengt und entsprechend gewürzt, zu einem Teig gut durchgeknetet und daraus ca. 3 cm große Klößchen geformt. Sie müssen 10-15 Minuten garziehen in einer Suppe mit grünen Erbsen, Spargelspitzen und klein gewürfelten Karotten.

Kalbfleischklößchen in der Suppe

*100 g rohes Kalbfleisch,
1-2 Eidotter,
2 in Milch eingeweichte Semmeln,
etwas Fett,
Salz, Muskat,
1 Eiweiß, geschlagen*

100 g rohes Kalbfleisch werden durch den Fleischwolf gedreht und mit 1-2 Eidottern, ebensoviel in Milch geweichten und ausgedrückten Semmeln, einem Stückchen Fett, etwas Salz, Muskat und einem geschlagenen Eiweiß vermengt. Man sticht kleine, runde oder längliche Klößchen daraus, die in der Fleischbrühe ungefähr 15 Minuten langsam gar gekocht werden.

Lebernockerl

*Etwas Butter, 2 Eier,
100 g Rinder- oder Kalbsleber,
1 Tasse Brösel,
Majoran, Salz, feingeriebene Zitronenschale,
gehackte Petersilie und Zwiebel*

Ein Löffelstich Butter wird schaumig gerührt; daran kommen 2 Eier, 100 g feingewiegte Rinder- oder Kalbsleber, 1 Tasse Brösel, etwas Majoran und Salz, feingeriebene Zitronenschale, gewiegte Petersilie und Zwiebel. Aus der fein verrührten Masse formt man nach kurzem Quellen mit einem

Löffel kleine Nocken und gibt sie in die kochende Fleischbrühe. Nach 10 Minuten sind sie gar.

Hennenknödel

*Ca. 300 g durchgedrehtes rohes Hühnerfleisch,
1/2 Bund Petersilie,
etwas geriebene Zitronenschalen,
8 alte Semmeln in Scheiben, ca. 1/4 l heiße Milch,
Salz, Muskat, 1/2 Zwiebel in Würfel,
2 Eier, 1 EL Mehl*

Semmelscheiben mit Milch übergießen. Zwiebelwürfel, Eier und Mehl untermengen, mit Salz und Muskat abschmecken. Hühnerfleisch, gehackte Petersilie und Zitronenschale zufügen. Gut vermengen und kleine Knödel formen. In Fleischbrühe ca. 20 Minuten garen.

Feine Schöberlsuppe

*50 g gekochter Schinken,
2 Eier, 1 1/2 EL Mehl,
Pfeffer, Salz, Muskat, etwas Fett,
Schnittlauch*

Eigelb und Mehl verrühren, fein gewürfelten Schinken untermischen. Eiweiß steif schlagen und vorsichtig unterziehen, kräftig würzen. Die Masse in runde, gut gefettete Schöberlformen einfüllen und ca. 10 Minuten bei 200 Grad backen. Schöberl stürzen, in die Suppe geben, mit Schnittlauch bestreuen und sofort servieren.

Pommersche Fleischkrapfen

Ein fester Hefeteig ohne Zucker wird ausgerollt. Man sticht etwa 5 cm große Plätzchen aus und füllt eine Fleischfülle, die gut gewürzt ist, ein. Dann legt man ein zweites Teigplätzchen darauf, drückt die Ränder fest und läßt die Krapfen gehen. Sie werden in heißem Fett goldbraun gebacken. Man gibt eine gute Fleischsuppe dazu.

Butternocken

*60 g Butter,
1 Ei und 1 Dotter,
2 EL Mehl,
Salz, Muskat*

60 g Butter werden schaumig gerührt; man gibt 1 Ei und 1 Eidotter, 2 gehäufte Esslöffel Mehl, Salz und etwas Muskat dazu. Davon sticht man nach kurzem Quellen mit einem Löffel kleine Nocken ab und gibt sie in kochende Fleischbrühe. Die Nocken müssen mehr ziehen, als kochen; sie werden dabei etwa doppelt so groß.

Geflügelklößchen

*1 Löffel Butter, 1 Ei, 2-3 EL Semmelbrösel oder
Grieß, Salz, Muskat, gehackte Petersilie,
100-150 g gehacktes Geflügelfleisch
als Suppeneinlage*

1 Löffel Butter oder Geflügelfett oder auch Knochenmark rührt man mit 1 Ei, 2-3 Esslöffeln Semmelbröseln oder Grieß, etwas Salz, Muskat, gehackter Petersilie und 100-150 g fein gehacktem Geflügelfleisch glatt. Aus der Masse formt man kleine Klößchen, die in der gesiebten Suppe kurz gargekocht werden.

Schwemmklößchen, andere Art

*70 g Butter, 1-2 Eier,
100-125 g Mehl,
Salz, Muskat,
1-2 EL Milch*

70 g Butter werden schaumig gerührt; daran kommen 1-2 Eier, 100-125 g Mehl, eine Prise Salz und Muskat. Wenn der Teig zu fest ist, fügt man 1-2 Esslöffel Milch hinzu. Der zarte Teig muß eine gute Weile stehen, um zu quellen.

Er wird dann mit einem Löffel zu kleinen Nocken ausgestochen, die gleich in die kochende Brühe gegeben werden. Nach etwa 5 Minuten sind sie fertig.

Klößchen und Knödel aus Fisch

Freilich, mit einem Schnellgericht kann man eine Fischklößchensuppe nicht vergleichen, da der Arbeitsaufwand ein ganz erheblicher ist. Nachdem der Fisch gekocht ist, sollen die Gräten möglichst entfernt werden, wenn auch in manchen Kochbüchern steht, dass es ausreiche, Fischfleisch zweimal durch den Fleischwolf zu drehen, um jegliche Gräten so zu zerkleinern, dass sie nicht mehr stören.

Zuvor aber von der böhmischen Köchin Magdalena D. Rettig ein Fischsuppenrezept mit Knöderln.

Braune Fischsuppe mit Knöderln

(Originalrezept)

»Laß auf einem Reindel ein Stück Butter heiß werden, gib darein einige Stücke Fisch, gelbe Rüben, Petersiliewurzeln, Sellerie, Braunkohl, einige Körner Neugewürz, ganzen Ingber, Muskatenblüte, Gewürznelken, Zwiebel, und laß alles schön braun dünsten, nur nicht anbrennen. Indessen bereite in einem Topfe Petersilienwasser, dann gieße es auf das Gedünstete und laß es eine halbe Stunde kochen; hernach seihe es durch, laß ein Stückchen Zucker braun rösten, gib ihn dazu, und sollte es herb sein, also auch ein Stückchen weißen Zucker, würze es mit Muskatenblüte und gieße es über die Knöderln, welche wie folgt gemacht werden:

Hacke ein Stückchen Karpfenfleisch klein, gib dazu ein Stück abgeriebene, in Wasser oder in Milch geweichte, ausgedrückte Semmel, drei gerührte ausgekühlte Eier, und hacke alles recht klein; dann treibe ein Stückchen frische Butter ab, gib das Gehacke darein, salze es, würze es mit Muskatenblüte, Gewürznelken, Lemonieschale, gib dazu 1 oder 2 Zehen, gut mit Salz zerriebenen Knoblauch und ein bißchen Majoran, arbeite alles wohl ab, oder stoße es in einem messingenen Mörser; nun mache daraus kleine Knöderln, schmiere eine Schüssel mit Butter aus, lege die Knöderln darauf, decke die Schüssel mit Papier zu und laß die Knöderln im Dunste kochen, dann gieße die braune Suppe darüber und trage sie zur Tafel. - Man kann die Knöderln auch, statt im Dunste zu kochen, in heißem Schmalz backen, dann in der Suppe ein wenig aufkochen lassen, so sind sie noch besser.«

★

Wohl die bekanntesten Fischklößchen sind die Hechtklößchen oder wie sie französisch heißen: Quenelles de brochet.

Hechtklößchen in Champagnersoße

*1 Hecht von gut 1 kg, Salz, Pfeffer,
2 Eier, 2 Eiweiß, 1/8 l Sahne,
1 kleine Zwiebel, 1 Bund Suppengrün, 1 1/2 l
Wasser, 1 Becher Sahne (200 g), 30 g Butter,
1/2 l Champagner oder Sekt*

Bevor man an die Sache herangeht, soll der Hecht möglichst filetiert, das Fleisch also von den Gräten befreit sein. Das Hecht-

***Abb. Seite 31:
Hechtklößchen***

fleisch wird dann im Fleischwolf oder in einer Küchenmaschine sehr fein püriert. Leicht gesalzen, stellt man den ganzen Brei 1 Stunde in den Kühlschrank. Dann erst wird mit Pfeffer gewürzt. Die Eier und das geschlagene Eiweiß sowie die Sahne werden hinzugegeben und schaumig geschlagen. Es kann nicht schaden, das Ganze nochmals in den Kühlschrank zu geben.

In der Zwischenzeit werden die Fischabfälle gemeinsam mit der zerkleinerten Zwiebel und dem Suppengrün in dem Wasser ausgekocht. Von dem abgesiebten Sud hält man 1/2 l für die Soße zurück. Der Rest wird erneut zum Sieden gebracht. In diesen Fischfond werden dann die mit dem Teelöffel geformten Klößchen gegeben. Das Wasser soll dabei nicht kochend aufquellen, sondern nur sieden, damit sich die Klößchen nicht auflösen.

Nun muss sofort die Zubereitung der Soße erfolgen, wobei der aufgehobene Fischfond gemeinsam mit der steif geschlagenen Sahne eingekocht wird. Die Soße kann noch mit etwas Butter verfeinert werden. Zum Schluss kommt der Champagner hinzu. Die Fischklößchen werden in eine heiße Schale gegeben, die Soße wird darübergegossen und unmittelbar darauf serviert. Am besten passen Reis und grüner Kopfsalat als Beilagen.

Fischbällchen, finnische Art

*500 g Kabeljau- oder Rotbarschfilet,
2-3 Anchovisfilets, 1 Semmel, 1 Zwiebel, 50 g
Butter, 2 Eier, 1 1/2 EL Mehl, 2 EL Aquavit,
1 EL Zitronensaft, 1 Wacholderbeere, Pfeffer,
Salz, 5 EL Semmelbrösel, Fett zum Backen*

Zweimal durch den Fleischwolf gedreht werden soll das entgrätete Fischfilet zusammen mit den Anchovisfilets und der eingeweichten Semmel, die zuvor ausgedrückt

werden muss. Die fein gehackte Zwiebel wird mit Butter, Eiern, Mehl, Aquavit, Zitronensaft und den Gewürzen zu dem Fischbrei gemischt und gut durchgeknetet. Mit einem Teelöffel, den man vor dem Abstechen stets in heißes Wasser taucht, werden rund 3 cm dicke Knödelchen geformt. Diese wendet man mehrmals in einem Teller mit Semmelbröseln und bäckt sie in heißem Fett goldgelb heraus. Am besten schmecken diese finnischen Fischknödelchen in einer Dill-Butter-Soße zu Salzkartoffeln.

Fischknödel

500 g Fischreste von gekochtem oder gebratenem Fisch, 80 g Butter, 2 Eigelb, 1 EL Semmelbrösel (Paniermehl), 300 g gekochte Kartoffeln, Salz, Pfeffer, Muskat, 1 EL Petersilie, Öl zum Ausbacken

Das Fischfleisch wird fein säuberlich entgrätet und dann durch den Fleischwolf gedreht. Nachdem die Butter schaumig gerührt ist, soll man sie mit dem Eigelb, Semmelbröseln, den geriebenen Kartoffeln, die zuvor etwas kalt gestellt werden müssen, und dem Fischmus vermischen. Alles wird gut mit Salz, Pfeffer, Muskat und Petersilie gewürzt.

Falls der Fischknödelteig etwas zu weich ist, kann man mit Semmelbrösel die Substanz etwas festigen. Die nicht allzu groß geformten Knödel werden paniert (in den verbliebenen beiden Eiweiß und Semmelbröseln) und in gut heißem Öl ca. 5 Minuten schwimmend ausgebacken.

Wünscht man eine Soße dazu, so kann man eine Champagnersoße empfehlen (siehe Rezept links). Serviert werden die Fischknödel mit Salat nach Belieben.

Seefischklößchen

250 g Seefischfilet, 1 Semmel, Milch, 3 TL Sardellenpaste, 1/2 Tasse Champignons, 2 Eier, 1 Messerspitze Thymian, Majoran, 3 TL Zitronensaft, Salz, Pfeffer

Das durch den Fleischwolf gedrehte Fischfilet wird mit der in etwas Milch eingeweichten Semmel, Sardellenpaste, den gehackten Pilzen und den Eiern vermischt und entsprechend gewürzt.

Man lässt den ganzen Brei einige Zeit ruhen und sticht dann mit einem Teelöffel kleine Klößchen ab, wobei sich der Klößchenteig am besten vom Teelöffel löst, wenn man diesen zuvor jeweils in heißes Wasser taucht.

Von »Knödelwürgern« und »Knödelhenkern«

Kein Wunder, dass die Knödel schon sehr früh in die Literatur Eingang gefunden haben. Bereits um das Jahr 1000 sind Pergamenthandschriften erhalten, in denen von Knödeln bzw. Klößen die Rede ist. Und da auch in Mitteleuropa Essbestecke bis in das späte 17. Jahrhundert so gut wie unbekannt waren, hat man also ebenfalls mit den Händen gegessen. Es gab nur eine Möglichkeit, sich eines Esswerkzeugs zu bedienen, nämlich das Knödelmesser, von dem es schon im 11. Jahrhundert Darstellungen gibt. Die zumeist recht kunstvoll geschmiedeten Messer waren in den herrschaftlichen Küchen lange Zeit schlechthin das begehrte Esswerkzeug. Es handelte sich dabei um sehr elegant geformte Küchenmesser, die nach vorne im spitzen Winkel zugingen, also mehr nach Spieß als nach Messer aussahen. Man konnte damit nicht nur Braten zerteilen, sondern auch die Knödel aufspießen oder Knödelteile in den Mund schieben. Diese speziellen Messer sind auch unter dem Namen »Knödelwürger« und »Knödelhenker« bekannt. Kunstvoll verzierte »Knödeldolche«, auch Dolchmesser genannt, gab es vor allem im 17. und 18. Jahrhundert. Bei diesen Einschlagmessern war die Klinge allerdings schon etwas breiter. Nur an der Klingenspitze waren sie zu einem Spieß umfunktioniert, um damit vor allem das Aufspießen von Fleisch- und Knödelstückchen zu erleichtern.
Ein mittelalterliches Knödelmesser ist auch in dem Fresko von Hocheppan (Seite ...) zu sehen.

Die Garzeit beträgt ungefähr 3-5 Minuten. Seefischklößchen schmecken als Beigaben vor allem zu den verschiedensten Fischsuppen, zu Fischragout und Blätterteigpasteten.

Seefischklößchen mit Parmesan

500 g Schellfisch oder Kabeljau, 1 Semmel, 1 kleine Zwiebel, 1 EL Butter, 1 TL Petersilie, 1 1/2 EL Parmesan, 1 Eigelb, Salz, Mehl

Das von Gräten befreite, gesäuberte Fischfleisch wird zweimal durch den Fleischwolf gedreht. Die zuvor eingeweichte und wieder ausgedrückte Semmel und die in kleine Würfel geschnittene Zwiebel werden in der Butter leicht angebraten und mit dem Fisch, der Petersilie, dem Parmesan und dem Eigelb vermischt. Das Ganze wird dann mit Salz abgeschmeckt. Die etwa 3-4 cm großen Fischklößchen werden, bevor sie in das leicht kochende Salzwasser gegeben werden, in Mehl gewälzt. Die Kochzeit beträgt etwa 2-3 Minuten. Servieren lässt sich diese Spezialität nicht nur zu Salat und Butter-Dill-Soße, sondern auch zur Suppe mit frischem Kerbel.

Fischklöße mit Spinat

500 g Spinat, 400 g Seefischfilet, 50 g Speck, 1 Zwiebel, 1 Ei, 3 Knoblauchzehen, Majoran, Muskatnuss, Saft von 1/2 Zitrone, Salz

Der verlesene und gut gewaschene Spinat wird unmittelbar nach dem Waschen in einen Topf gegeben und leicht angedünstet. Abgekühlt ist er dann mit der Hand leicht abzupressen. Das Fischfilet wird mit dem Speck und der Zwiebel durch den Fleischwolf gedreht. Das Ei, der Spinat und die zerdrückten Knoblauchzehen werden

Wer mag den Kloß wohl erfunden haben?

Dass es sich bei Kloß und Knödel um eine rundherum runde Sache handelt, das ist in vielen Ländern bekannt. Wer aber diese speziell in Mitteleuropa zu hohem Ansehen gekommene Tafelspezialität erfunden hat, darüber kann selbst der Große Brockhaus keine genaue Antwort geben. Der Erfinder oder die findige Köchin wird im Dunkel der Geschichte verborgen bleiben. Die Tradition geht auf Urzeiten zurück. Zuschreiben könnte man dem Aussehen nach diese Erfindung am ehesten den Bayern und den Tirolern, aber warum auch nicht den Böhmen oder den Franken? So kann man ihn sich vorstellen, den Knödelerfinder: wahrscheinlich ein rundlicher Gemütsmensch, Zufriedenheit ausstrahlend und in der glücklichen Lage, die schlanke Linie als Nebensache dieser Welt zu betrachten. Der Knödel und Kloß sind schon seit jeher ein Qualitätsbeweis für Koch und Köchin, denn wenn sie nicht locker, sondern mit normalen Küchenbestecken fast unbezwingbar sind, dann wird man dem Hersteller dazu raten, künftig seinen Arbeitsplatz nicht in der Küche, sondern eher in der Herstellung von Tennis- und Gummibällen zu suchen.
Schon in der Bibel ist davon die Rede, dass Gott der Herr am Ende der Schöpfungswoche den Menschen aus einem Erdenkloß formte und ihm dann Leben einhauchte. Ein schönes Beispiel dafür, dass die Aufzeichner des Alten Testaments sich dieses Gleichnisses nur deshalb bedienen konnten, weil sie von der Knödelherstellung eine Ahnung haben mussten. Wer einmal bei Völkern und Stämmen zu Gast war, deren Esskultur der abendländischen noch einige Jahrhunderte »nachhinkt«, dem wird es nicht schwer fallen, sich vorzustellen, wie der Knödel eigentlich entstanden ist. In entlegenen Gebieten Asiens und Afrikas oder auch Südamerikas findet man es immer wieder, dass in Ermangelung von Essbesteck sich die Menschen allein ihrer Hände bedienen, um an geschmortes Fleisch heranzukommen. Der dazu servierte Reis, Hirse oder auch die Speisen aus Maismehl werden zu kleinen Bällchen geformt, in Soßen getaucht und direkt in den Mund geschoben.

mit dem Majoran eingemischt und dann am besten mit der Küchenmaschine durchgeknetet. Der Teig ist dann mit Muskatnuss, Zitronensaft und Salz abzuschmecken, bevor man mit gut angefeuchteten Händen die Klößchen formt und in gut erhitzte Fleischbrühe einlegt. Sie brauchen ungefähr 10 Minuten zum Garen. Pikant munden Fisch-Spinat-Klöße, wenn man beim Servieren darüber eine Knoblauchsoße gibt.

★

Schon im Jahre 1805 im »Vollständigen allgemein nützlichen Amberger Kochbuch« ausgedruckt, doch noch im 20. Jahrhundert ausprobierenswert ist folgendes Fischknödelrezept:

Kleine Knödel vom Salm

(Salm = Forelle)
(Originalrezept)

»Wasche 1/2 Pfund Salm sauber aus, schneide ihn sehr fein, salze ihn hinlänglich, gieb ein wenig gestoßenen weißen Pfeffer dazu, und weiche ein Kreuzerbrot im Wasser ein. Wenn es geweicht ist, drücke es aus, thue es zu dem geschnittenen Salm, nimm 6 Loth Butter dazu, 2 ganze Eyer und von zweyen den Dotter. Diese Masse stoße in einem Mörser zusammen, nimm sie dann heraus, mache kleine Knödel, laß selbige in einer Erbsenbrühe eine Viertelstunde lang kochen, dann kannst du selbe in einer Fastencoulissuppe brauchen.«

★

Und noch ein weiteres historisches Rezept soll zum Abschluss der Lektion Fischklößchen und Fischknödel verraten werden. Das »Altadelige bayerische Koch- und Konfektbuch für alle Stände aus dem Nachlasse einer berühmten Gräfin«, herausgegeben 1837 zu München, verrät folgendes Rezept:

Hechtenknödel

(Originalrezept)

»Nimm einen Hecht von 1 Pfund, schuppe ihn sauber, schab auch das Schleimige mit einem Messer sauber davon ab, schneide das Fleisch von den Gräten, reinige auch das Eingeweide, hack's klein; du kannst Zwiebel oder grüne Kräuter, Muskatblüthe klein geschnitten, wenig Pfeffer und Safran dazu nehmen. Das Fleisch von dem Fische muß mit 6 Eiern eine Stunde zuvor, ehe du die Knödel machen willst, angerührt werden. Nimm Mundmehl, kehr's in einem Schmalze um, das nicht zu heiß ist, auch nicht über dem Feuer; dies alles rühr wohl durcheinander. Wären sie zu stark, so nimm ein wenig Milchrahm, schlag's nicht zu groß ein, laß's fein gemach sieden.«

Es lebe der Knödel!

»Weil die Bayern ihren Urlaub häufig lieber an fernen Ufern als zwischen Ochsenkopf und Zugspitze verbringen, haben sie auch Geschmack an fremdländischer Kost gefunden. Die Umstellung der Essgewohnheiten schlägt sich vielfach auch auf den Speisekarten der heimischen Gaststätten nieder, wo sich die Lammkeule schon längst einen Stammplatz neben der Schweinshaxn erobert hat. Der Zug zum Fremdländischen droht auch die angestammten Trinksitten zu verwässern. Selbst eingefleischte Liebhaber des Gerstensaftes sollen schon vom Weißbier auf den Ouzo umgeschwenkt sein. Dieser unerhörte Vorgang lässt uns sogar den Ärger über den Verfall des Knödels zum Kloß leichter verdauen.«

(Aus der »Süddeutschen Zeitung«)

Semmelknödel

Wer sie erfunden hat, das wird stets im Dunkel der Geschichte verborgen bleiben. Doch fest steht, dass man sie, die Semmel- oder Brotknödel, die Fastenknödel, die Karthäuserknödel oder wie sie landläufig sonst noch benannt werden mögen, in der Hauptsache aus Semmeln bzw. Knödelbrot, Milch, Eiern, Butter, Pfeffer und Salz herstellt. Ihr Ursprungsland mag wohl Altbayern gewesen sein, und von dort sind sie in alle Welt hinausgerollt.

Was für Italien die Spaghetti, sind für weite Teile Deutschlands die Semmelknödel oder der Semmelkloß. Man kann sie als Vorspeise ebenso servieren, zum Beispiel in dampfender Fleischbrühe als kleine Klößchen, wie zu fast jedem Fleischgericht. Selbst wenn Semmelknödel übrig bleiben, kann man daraus noch ein schmackhaftes Gericht zubereiten.

Für alte Bauersleut' in alpenländischen Gauen war diese Knödelart so geschätzt, dass sie, bevor sie in den wohlverdienten Austrag gingen, d.h. ihren Hof an ihre Kinder weiter vererbten, sich notariell als Ausgeding in der Woche gleich mehrere Knödel als garantierte Lebensgrundlage per Urkunde sichern ließen. Gerade in jenen Zeiten, in denen das Fleisch rar war, konnte man hungrige Mäuler gut mit dieser Knödelspeise und ein bisschen Soße dazu stopfen und zufriedene Gesichter am Mittagstisch vorfinden. Auch heutzutage findet man in ländlichen Gegenden noch kinderreiche Familien mit rund einem Dutzend Köpfen, bei denen mittags eine Schüssel mit 40-50 Knödeln auf den Tisch kommt, umso den großen Hunger zu stillen. Wie schon gesagt, das Stammland der Semmelknödel ist und bleibt das Land südlich der Mainlinie. Hier kann man das Knödelbrot fertig beim Bäcker oder auch beim Metzger kaufen. Doch auch dort, wo es das Knödelbrot nicht fertig zu kaufen gibt, muss man die Semmelknödel nicht entbehren, denn hart gewordene Semmeln lassen sich ganz gut mit einem scharfen Messer schneiden oder mit einer elektrischen Schneidemaschine bearbeiten. Zuallererst soll wieder ein altes Knödelrezept aufgezeigt werden, diesmal aus »Neuestes Klöß- oder Knödel-Kochbüchlein nach fränkisch-bayrischer Weise«, erschienen 1880 in Kulmbach.

Semmelklöße

(Originalrezept)

»Für 12 Pfennige Semmeln werden eingeschnitten, in eine Schüssel gethan und mit 1/4 Liter Milch, worin man 3 Eier verkleppert hat, übergossen. So dürfen sie eine Stunde stehen, um ordentlich durchzuweichen; dann rührt man noch 1/4 Liter Mehl, Salz und für 6 Pfennige fett geröstete Semmelbröcklein darunter, ballt sie mit etwas Mehl zusammen, legt sie in siedendes Wasser und läßt sie eine halbe Stunde kochen.«

Münchner Semmelknödel mit Pfifferlingen in Rahmsoße

500 g Knödelbrot oder 10 Semmeln vom Vortag, 1/4 l Milch, 1 kleine Zwiebel, 1 EL Petersilie, 50 g Butter, 3 Eier, 2-3 EL Mehl, Pfeffer, Salz.
Für die Pfifferlinge:
1 Zwiebel, 50 g durchwachsener Speck, 500 g Pfifferlinge, 2 EL Mazola Keimöl, Salz, Pfeffer, 200 g Sahne, 3 gestr. EL Mondamin Fix-Soßenbinder, 1 EL Zitronensaft, 2 EL gehackte Petersilie

Über das Knödelbrot bzw. die abgeriebenen, fein geschnittenen Semmeln wird die leicht erwärmte Milch gegossen. Dazu gibt man dann die fein gehackte Zwiebel und Petersilie, die zuvor in der Pfanne in der Butter gut angedünstet werden. Gemeinsam mit den Eiern und dem Mehl wird alles gut vermengt und gewürzt.

Damit die Semmelknödel recht locker werden, soll der Teig 1/2 Stunde ruhen. In der Zwischenzeit Speck und Zwiebel in kleine Würfel schneiden, Pfifferlinge putzen, waschen und gut trocken tupfen. Speck und Zwiebel in heißem Keimöl andünsten, Pfifferlinge dazu geben, salzen und pfeffern, mit 1/4 l Fleisch- oder Gemüsebrühe aufgießen und 15 Minuten köcheln lassen. Danach Sahne und Zitronensaft einrühren, Soßenbinder einstreuen, kräftig abschmecken und mit Petersilie bestreuen.

Während die Pfifferlinge köcheln, die Knödel fertig machen. Diese werden mit angefeuchteten Händen geformt. Von den oben angegebenen Zutaten erhält man 8-10 Knödel, je nach Größe. In bereits leicht siedendem Wasser werden sie 15-20 Minuten gekocht und dann dampfend heiß mit den Pfifferlingen zu Tisch gebracht.

Brotknödel

*250 g altes Graubrot (Schwarzbrot),
1/4 l Milch, 2 Eigelb, 1 EL Butter, 1 Zwiebel,
1 EL Petersilie, Muskat, Majoran, Salz*

Auch bei den Graubrot- oder Schwarzbrotknödeln wird das schon etwas hart gewordene Brot mit einem scharfen Messer klein gewürfelt. Darüber wird die kochende Milch gegossen und Eigelb, die in Butter gedünstete, fein gehackte Zwiebel und die fein geschnittene Petersilie dazugegeben. Nun wird der Teig gewürzt und muss einige Zeit quellen. Aus dem gut durchgekneteten Teig werden Knödel geformt und in kochendem Salzwasser oder auch in leicht siedender Fleischbrühe gegart. Vor dem Servieren kann man die Knödel noch mit gerösteten Zwiebeln bestreuen.

Abb. Seite 36:
Semmelknödel mit Pfifferlingen in Rahmsoße

Abb. unten:
Brotknödel

Semmelknödel mit Speck

*100 g gut durchwachsener Speck,
1 große Zwiebel, 6 EL Butterfett,
10 alte Semmeln, 1/4 l Milch,
6 Eier, 4 Eigelb,
Salz, 2 EL Petersilie*

Der fein gewürfelte Speck wird in einer Pfanne ausgelassen und die klein gewürfelte Zwiebel darin angebraten, bis sie glasig wird. Speck und Zwiebel werden aus der Pfanne genommen und in dem verbliebenen Fett mitsamt dem Butterfett die abgeriebenen, klein gewürfelten Semmeln goldbraun angeröstet.

Sie werden in eine Schüssel geschüttet, mit der leicht angewärmten Milch übergossen und gut durchgerührt. 1/4 Stunde quellen und dann abkühlen lassen. Speck und Zwiebeln, die Eier, das Eigelb und Salz werden anschließend zugegeben und gut vermengt.

Erst zum Schluss wird die fein gehackte Petersilie in den gut durchgekneteten Teig gegeben. In siedendem Salzwasser lässt man die Knödel rund 15-20 Minuten garziehen.

Niederbayerische Teigknödel

*10 alte Semmeln, 3 Eier, 1/4 l Milch,
200 g Mehl, Salz*

Die Semmeln werden abgerieben und in kleine Würfel geschnitten. Eier, Milch, Mehl und Salz verarbeitet man gemeinsam mit den aufgeschnittenen Semmeln zu einem zähflüssigen Teig. Nach einem gut halbstündigen Durchziehen formt man die Knödel und legt sie in kochendes Salzwasser ein, wo sie in 15-20 Minuten garziehen.

Semmelknödel mit Grieß

*4 Semmeln vom Vortag,
3 gekochte Kartoffeln, 1/4 l Milch,
100 g Grieß, 2 Eier, Salz,
50 g Semmelbrösel, 60 g Butter*

Die Semmeln werden abgerieben, klein gewürfelt und in einer Pfanne leicht angebräunt, die Kartoffeln durch ein Sieb gedrückt. Das Ganze wird mit der Milch, dem Grieß, den Eiern, Salz und den Semmelwürfeln vermischt und durchgeknetet. Den Teig lässt man gut 1/2 Stunde ruhen, um dann die Knödel zu formen und in leicht kochendes Wasser einzulegen, wo sie in 15 Minuten garziehen. Vor dem Servieren Knödel gut abtropfen lassen, in Butter rösten und in Semmelbröseln wälzen.

Sächsische Speckklöße

*250 g Speck, 2 Zwiebeln, 6 alte Semmeln,
30 g Butter, 1/4 l Milch, 5 Eier, 150 g Mehl,
Salz, 1 TL Majoran*

Speck, Zwiebeln und 3 Semmeln werden als vorbereitende Arbeit fein gewürfelt. Die Speckwürfel werden in Butter ausgelassen, darin werden dann die Brotwürfel und die Zwiebeln goldbraun angebraten. Die weiteren 3 Semmeln, von denen man zuvor die Rinde abreibt, werden in der Milch eingeweicht, ausgedrückt und mit den Eiern und dem Mehl verrührt. Dieser Teig wird mit Salz und Majoran gewürzt, bevor die vorbereiteten, erkalteten Zutaten damit vermischt und verknetet werden. Aus dieser Teigmasse lassen sich ca. 10 Klöße formen, die in siedendem Salzwasser aufkochen und in ungefähr 20-25 Minuten garziehen.

Tiroler Speckknödel

*10 alte Semmeln, etwas Milch, Petersilie, 80 g
Butter, 1 Zwiebel, 1/4-3/8 kg Räucherspeck oder
Wurst, 3 Eier, Salz, Pfeffer, Muskat, etwas Mehl*

Die Semmeln werden abgerieben, würfelig geschnitten und in etwas warmer Milch eingeweicht. Gehackte Petersilie und in Butter geröstete Zwiebelwürfel werden darunter geschüttet.
Der fein geschnittene Speck oder die Wurst wird ausgelassen, ebenfalls dazugeschüttet und alles mit Eiern und Salz, Pfeffer, etwas Muskat und evtl. noch Milch vermischt. Wenn der Teig zu feucht ist, wird etwas Mehl zugegeben. Die Knödel werden mit bemehlten Händen geformt und in kochendem Salzwasser in ca. 10 Minuten gegart. Die Knödel mit Sauerkraut servieren.

Tiroler Fastenknödel

*10 alte Semmeln, 50 g Butter, 1/4 l Milch,
4 Eier, Salz, 1 kleine Zwiebel, 2 EL Petersilie,
2 EL Semmelbrösel, 1 EL Mehl*

Zuerst werden die Semmeln abgerieben, in kleine Scheibchen oder Würfel geschnitten und dann in heißer Butter angeröstet. Gemeinsam werden die Eier und das Salz in der Milch angerührt und über die gerösteten Semmelwürfel gegossen. Durchziehen lassen. Anschließend werden die fein gehackte Zwiebel und Petersilie, die Semmelbrösel und das Mehl dazugegeben und zu einem Teig geknetet. Die nicht zu groß geformten Knödel werden in kochendes Salzwasser eingelegt, sie müssen 15 Minuten ziehen.

*Abb. Seite 39:
Tiroler Speckknödel*

Karl Valentins Semmelnknödeln

Selbst in Zeiten, in denen international gängige Gerichte wie Hamburger, Pommes frites, Cordon bleu, um nur einige wenige zu nennen, auch auf den Speisekarten der Bundesrepublik, Österreichs und der Schweiz internationale Küche repräsentieren, denkt man in Deutschland keineswegs daran, zu einer einheitlichen Knödel- oder Klößeordnung zu kommen. In der Frage dieser Küchenspezialität ist man über und unter dem weißblauen Weißwurstäquator gewissermaßen souverän. Patriotisch wird im Norden auf Klöße, im Süden auf die Bezeichnung Knödel geschworen und gepocht.

Diesem Diskurs konnte man sich selbst im Deutschen Bundestag nicht verschließen, als im November 1966 über ein Gesetz zur Änderung der Handwerksordnung Beratungen geführt wurden. Damals redete der niederbayerische Bundestagsabgeordnete Franz Xaver Unertl bayerischen Bezeichnungen für landesübliche Spezialitäten das Wort und kam dabei in vehementer Weise auf die sprachliche Diskrepanz zwischen Knödeln und Klößen zu sprechen. Heute ist noch im Protokoll des Bundestages das Veto des niederbayerischen Abgeordneten erhalten, als er auf die Speisekarten-Normvorschriften aus seiner Sicht zu sprechen kam, indem er sagte: »Würde Ludwig Thoma den Text der Novelle (gemeint die Novelle zur Handwerkerordnung) genau studieren können, hätte er im Grabe bestimmt keine Ruhe, er würde sich mindestens einmal umdrehen. Wenn Karl Valentin noch lebte, würde er sagen: ›Ich lass' mir meine Semmelnknödeln auch durch einen Beschluss des Deutschen Bundestages nicht in Brötchenknödeln verwandeln.‹ Diese Verdrehung des herkömmlichen Sprachgebrauchs kommt nicht nur in der jetzigen Gesetzesnovelle

und sonstigen Gesetzgebungen vor. Als bayerischer Gastwirt wundere ich mich oft, wenn ich die Speisekarte in den bayerischen Lokalen - außerhalb des Weißwurstäquators maße ich mir nicht an, Kritik zu üben - lese. In Bayern ist das Eisbein eben eine Surhaxe, Klöße bleiben Reiberknödel oder Semmelknödel, rote Beten sind rote Rüben, die Schlagsahne ist bei uns der Schlagrahm, der Rotkohl ist Blaukraut, die Limonade heißt Kracherl, die österreichische Kalbssteize heißt Kalbshaxn, und der Schäfflertanz in München wird nie ein Böttcherreigen werden!« So Franz Xaver Unertl, der unvergessene Knödelproklamator! Dem Semmelknödel ein überaus humorvolles und weithin bekanntes literarisches Denkmal haben Karl Valentin und Liesl Karlstadt gesetzt. Der Disput in diesem Einakter wird ausgelöst, weil Karl Valentin zum Mittagessen zu spät - und das gleich um neun Stunden - gekommen ist. Schuld daran waren die Semmelknödel und das darüber geführte Streitgespräch mit der Kassiererin des Lokals, in dem sich der Münchner Humorist solcherlei Spezialitäten einverleibt hatte. Der in dieser Frage der Semmelknödelbezeichnung überaus exaltierte Münchner Volkskomiker hatte für diese seine Spezialität eine eigene Grammatik parat. Denn während für Liesl Karlstadt Semmelknödel im Singular wie Plural Semmelknödel waren, beharrte Valentin mit dickköpfigem Starrsinn darauf, dass es beim Verzehr mehrerer solcher Fleischbeigaben Semmelnknödeln heißen müsse. Nein, das sei nicht so, meinte die Liesl Karlstadt, denn man sage schon von jeher Semmelknödel. Daraufhin Valentin: »Ja, zu einem. - Aber zu mehreren Semmelknödel sagt man Semmelknödeln. Semmel ist die Einzahl, das musst Ihnen merken, und Semmeln ist die Mehrzahl, das sind also mehrere einzelne zusammen. Die Semmelknödeln werden aus Semmeln gemacht, also aus mehreren Semmeln. Du kannst nie aus einer Semmel Semmelknödeln machen.« Karlstadt dazu: »Machen kann man's schon.« Doch Valentin ließ nicht locker: »Ja, ja, machen schon aber, wenn Du aus einer Semmel zehn Semmelknödeln machen tät'st, dann würden die Semmelknödeln so klein wie Mottenkugeln. Dann würde das Wort Semmelknödel schon stimmen. Weil's bloß aus einer Semmel sind. Aber solange die Semmelknödeln aus mehreren Semmeln gemacht werden, sagt man unerbittlich: Semmelnknödeln.« Der Streit war aber damit noch lange nicht zu Ende, denn dann wollten es beide genau wissen und auch eine klare Entscheidung darüber herbeiführen, ob bei der Aussprache die Semmel oder die Knödel mehr betont werden sollten. Und hier glaubte Valentin, dass eigentlich nicht Semmel und Knödel über- oder unterbetont werden müssten, sondern alleinig das »n«, das zwischen Semmel und Knödel stehen müsse.

Liesl Karlstadt fährt in diesem Stück mit einer Zusatzfrage fort, wohl in der Hoffnung, Valentin auf eine andere Fährte zu locken: »Ja, wie heißt es denn dann bei den Kartoffelknödeln?«, fragte sie. Valentin dazu: Dasselbe »n« müsse auch hier zwischen Kartoffel und Knödel, genauso wie bei Schinkenknödeln stehen. Es gäbe einfach keine Knödel, ohne in der Mitte ein »n« zu haben, doziert Karl Valentin schließlich, zum Schluss kommend. Nur bei den Leberknödeln gäbe es eine Ausnahme, da man nicht sagen könne: Lebernknödeln!

Steirische Bauernknödel

5 alte Semmeln, 1/4 l Wasser oder Milch, 100 g Grieben, 1 Zwiebel, 2 Eier, Salz, 2 EL Mehl

Die Semmeln werden abgerieben, fein würfelig geschnitten und mit Wasser oder Milch übergossen. Danach müssen sie ein wenig ziehen. Die Grieben und die fein gewiegte Zwiebel gibt man in eine Pfanne, lässt darin die Semmelwürfel leicht anrösten und schüttet dann alles in eine Schüssel. Mit den Eiern, Salz und Mehl wird dann das Ganze vermengt und durchgeknetet. Die Knödel sollen nicht zu groß geformt werden. Man lässt sie in siedendem Salzwasser etwa 15-20 Minuten garziehen.

Altbayerische Grammelknödel

8 alte Semmeln, 1 EL Schweineschmalz, 1 EL Zwiebeln, 1 EL Petersilie, 100 g Grammeln (Grieben), 1/2 l Milch, 2 Eier, Salz

Die Semmeln werden abgerieben, fein gewürfelt, in Schweineschmalz und der fein gehackten Zwiebel sowie Petersilie leicht angebraten und in eine Schüssel gegeben. Die Grammeln (Grieben) lässt man ebenfalls heiß werden und streut sie über die Semmelwürfel. Milch, Eier und Salz werden verrührt und ebenfalls mit den Semmelwürfeln vermengt. Die ganze Masse muss nun 1/2 Stunde ruhen, bevor man sie zu einem Teig knetet und mit nassen Händen Knödel formt (evtl. noch etwas Mehl zugeben). 20 Minuten in kochendes Salzwasser eingelegt, können sie dann serviert werden. Nach Belieben noch mit heißer Butter übergießen.

Schlesische Semmelknödel

8 alte Semmeln, Salz, 3/8 l Milch, 1 kleine Zwiebel, 50 g Butter, 1 EL Petersilie, 1/2 TL Majoran, 2 Eier

Über die abgeriebenen, in dünne Scheiben geschnittenen Semmeln gießt man die bereits gesalzene, lauwarme Milch. Die fein gehackte Zwiebel wird in Butter etwas angeröstet und dann mit der klein geschnittenen Petersilie und dem Majoran vermengt, über die Semmeln gegeben und untergemischt. Das Ganze soll 1 Stunde ziehen.

Zum Schluss werden die Eier zugefügt, alles zu einem Teig geknetet und daraus Knödel geformt. Auch die schlesischen Semmelklöße müssen rund 20 Minuten in siedendem Salzwasser garziehen.

Böhmische Knödel nach einem alten Rezept
(Originalrezept)

»Man nimmt zu 7/10 l (2 Seidel) Mehl, 2 Eier und 2 Semmeln, schneidet die Semmeln klein würfelig und röstet sie in ziemlich viel Butter fett und resch. Inzwischen zersprudelt man die Eier und macht mit dem Mehle, dem nötigen kalten Wasser und Salz einen ziemlich weichen Nockerlteig, welcher gut abgeschlagen werden muß; dann gibt man die gerösteten Semmelwürfel dazu, vermengt sie gleichmäßig und läßt den Teig 1/4 Stunde stehen. Hierauf kocht man die ganze Teigmasse, rund geformt als einen Knödel, in siedendes Salzwasser ein oder man formt 2-3 Knödel daraus. Nach dem Kochen (1/2 Stunde) werden die Knödel mit 2 Gabeln zerrissen und mit brauner Butter abgeschmalzen. Man gibt noch Zwetschkenröster dazu. Oder: Man treibe 3 dkg Butter mit 3 Eiern ab, gebe ein kleines Glas Wasser oder Milch und 37 dkg Mehl dazu, schlage die Masse so lang, bis sie Blasen bekommt, und vermenge sie dann mit in Butter gerösteten Semmelwürfeln von 4 Semmeln. Dann formt man Knödel daraus oder sticht mit einem Löffel runde Nockerln ab, kocht sie 1/2 Stunde in Salzwasser und schmalzt dann heiße, braune Butter darüber.«

Böhmische Semmelknödel

500 g Mehl, 1 Messerspitze Backpulver, 1/8 l Milch, 1/8 l Wasser, Salz, 2 Eier, 5 alte Semmeln, 50 g Butter

Das Mehl wird mit dem Backpulver vermischt, die Milch und das Wasser hinzugegeben, Salz und die Eier daruntergerührt und alles zu einem Teig geknetet. Die Semmeln werden in kleine, ca. zentimetergroße Würfel geschnitten, in Butter leicht angeröstet und dem Teig beigegeben. Alles wird dann nochmals gut durchgeknetet und soll 1/2 Stunde ruhen, damit die Knödel recht flaumig werden.

Ein Nudelbrett wird gut mit Mehl bestreut, und mit bemehlten Händen geht man dann an das Formen der Böhmischen Knödelrolle mit einem Durchmesser von 5, 6, 7 cm (es können aber aus diesem Teig auch runde Knödel in entsprechender Größe geformt werden). Doch ob Knödelrolle oder runde Knödel - beide werden in kochendes Salzwasser gegeben, wo die Böhmischen Knödel in ca. 1/2 Stunde garziehen. Während des Garens sollen die Knödel im Kochwasser mehrmals gewendet werden. Vor dem Anrichten werden die Knödelrollen mit einem Bindfaden in fingerdicke Scheiben geschnitten.

Knödel auf Pinzgauer Art

10 alte Semmeln, 1/4 l Milch, Salz, 2 EL Petersilie, 1 Zwiebel, 200 g geräucherter Speck, 4 gekochte Kartoffeln

Die Semmeln werden abgerieben, in feine Scheiben geschnitten und mit der heißen, gesalzenen Milch übergossen. Das Ganze dann gut 1/2 Stunde ziehen lassen. Im Anschluss daran werden die klein gehackte Petersilie und Zwiebel, der geräucherte und ganz klein geschnittene Speck sowie die durch ein grobes Sieb gedrückten Kartoffeln beigemischt und alles zu einem Knödelteig geknetet. Die klein geformten Knödel legt man in kochende Fleischbrühe ein, in der sie später auch serviert werden, und lässt sie 15-20 Minuten garziehen.

> Gebraten schmecken sie auch gut,
> In saurer Brüh' nicht minder.
> Kartoffelklöße essen gern
> die Eltern und die Kinder.
> *(Spruchweisheit)*

Serviettenknödel mit Rauchfleisch

5 alte Semmeln, 3 EL Mehl, 3 Eier, Salz, Pfeffer, Paprika, 1/2 l Milch, 100 g Butter, 150 g Rauchfleisch, 1 EL Petersilie, Semmelbrösel, geröstete Zwiebelringe

Die altbackenen Semmeln werden in kleine Würfel geschnitten und mit dem Mehl vermengt. Darüber wird die mit den Eiern und den Gewürzen verquirlte Milch gegeben. Alles wird gut vermengt und muss 1/2 Stunde quellen. In die schaumig gerührte Butter gibt man das klein gehackte Rauchfleisch und die gehackte Petersilie und mischt sie kräftig unter den Semmelteig. Ist der Teig zu weich geraten, kann man mit Semmelbröseln eine bessere Festigkeit erreichen. Der Teig wird dann auf eine nasse, ausgewundene Serviette gegeben und darin zu einer Rolle geformt. In der Serviette eingebunden und an einem Kochlöffelstiel befestigt, wird der Kloß in kochendes Salzwasser gehängt und muss rund eine 3/4 Stunde darin garziehen. Dann wird der Knödel herausgenommen, kurz abgedampft und mit einem Bindfaden in fingerdicke Scheiben geschnitten. Vor dem Servieren werden sie mit gerösteten Zwiebelringen bestreut.

Serviettenknödel mit Toastbrot

300 g Toastbrot, 40 g Butter, 3 Eier, 300 g Mehl, Salz, 1/4 l Milch

Das Toastbrot wird in ca. 1 cm große Würfel geschnitten und in Butter goldgelb angeröstet. Das Eigelb der 3 Eier wird mit dem Mehl und Salz verrührt, die Milch hinzugegeben, kräftig durchgerührt und gut mit den Brotwürfeln vermengt. Danach wird das steif geschlagene Eiweiß unter den Teig gezogen. Eine große Stoffserviette wird in kaltes Wasser gelegt, ausgewunden, der Teig hineingegeben und darin zu einer runden Teignudel von etwa 5-8 cm Dicke geformt. Die Serviette wird mit Bindfaden locker zusammengeschnürt, der Teig muss noch gut aufgehen können. An einen Kochlöffelstiel gebunden, muss der Knödel eine 3/4 Stunde in kochendem Salzwasser garziehen. Aus der Serviette ausgerollt und etwas abgedampft, werden mit einem Zwirnfaden fingerdicke Scheiben abgeschnitten.

Um einen besonders herzhaften Genuss zu garantieren, kann man den Serviettenknödel vor dem Servieren noch mit goldgelb erhitzter Butter übergießen.

Auch die Tochter des Kaisers formte gern Knödel

Am Knödelmachen soll man sich aber nicht nur in herrschaftlichen Küchen erfreut haben. Selbst zu Hofe entzogen sich adelige Frauen, die am Kochen Freude hatten, dieser Kunst nicht. So soll sich um 1630 die Kurfürstin Maria Anna, eine Tochter des Kaisers Ferdinand von Österreich, auf dem herzoglichen Hof in Schweighof bei Schleißheim, als sie mit Maximilian I. von Bayern vermählt war, am Knödelmachen ergötzt haben. Sie sei aber, so ist überliefert, von ihrer Schwiegertochter Adelheid, der Gattin von Ferdinand Maria, aufgrund dieser profanen Tätigkeit, die einer Prinzessin nicht zugemutet werden könne, gerügt worden. Doch dieser überklugen Schwiegertochter sollte jener Ratschlag mit auf den Weg gegeben werden, den Magdalena D. Rettig gut 200 Jahre später auch den herrschaftlichen Leuten erteilt hatte, als sie im Vorwort ihres Buches schrieb: »Daß die Kochkunst eine der nöthigsten und unentbehrlichsten Beschäftigungen für das weibliche Geschlecht ist, bedarf keines Beweises. Eine Frau, welches Alles kann, nur nicht kochen, ist gewissermaßen immer von ihren Dienstboten abhängig; sie muß essen, was ihre Köchin aufsetzt, und zahlen, was sie ihr aufrechnet.«

Gewürzknödel

*6 alte Semmeln, 1/4 l Wasser, 3 Eier,
500 g gekochte Kartoffeln, 1/2 TL Salz,
1 EL Majoran, Pfeffer, Muskat,
Mehl nach Bedarf*

Die alten Semmeln werden abgerieben und in kleine Würfel geschnitten, das Wasser mit den Eiern verrührt und über die Semmelwürfel gegossen. Die Kartoffeln werden geschält, grob gerieben und mit den Gewürzen vermengt. Zusammen wird alles mit den eingeweichten Semmelwürfeln verknetet. Damit der Teig hält, ist so viel Mehl beizugeben, dass ein gut formbarer Knödelteig entsteht. Die nicht zu großen Knödel werden zum 15minütigen Garziehen in kochendes Salzwasser eingelegt.

Serviettenkloß, wienerisch mit Hähnchen Budapester Art

*10 alte Semmeln, Salz, 3/8 l Milch,
80 g Butter, 4-5 Eier, 100 g Speck,
1 gehackte Zwiebel, 50 g Mehl, Salz, Pfeffer*

Die altbackenen Semmeln werden in ca. 1 cm große Würfel geschnitten, Salz darübergestreut und dann alles mit leicht erhitzter Milch übergossen. Inzwischen rührt man die Butter schaumig, schlägt die Eier dazu und rührt alles nochmals ab, bevor man den Speck hinzugibt, der zuvor ebenfalls klein geschnitten und leicht angebraten wurde. Zusammen mit den inzwischen eingezogenen Semmeln und dem Mehl wird alles nochmals gut vermischt und durchgeknetet. Und nun kommt die große Kunst des Serviettenkloßmachens: Der Teig wird in eine nasse oder in eine zuvor mit Butter eingestrichene Serviette gefüllt bzw. darin eingewickelt und zu einer Rolle geformt. Das Ganze soll aber recht locker bleiben, damit der Kloß noch aufgehen kann. Die Umwickelung mit der Serviette dient zur besseren Formung dieser runden und dann in Scheiben geschnittenen Klöße. Die mit Teig gefüllte Serviette wird an einen Kochlöffelstiel gebunden und so in kochendes Salzwasser gehängt; der Kloß muss gut eine 3/4 Stunde durchgaren. Nach dem Herausnehmen aus der Serviette muss der Kloß kurz ausdampfen und wird dann mit einem Bindfaden in Scheiben geschnitten.

Für das Hähnchen benötigt man 600 g Paprika, 2 Zwiebeln, 40 g durchwachsenen Speck, 8 EL Öl, Pfeffer, Salz, Paprikapulver, Oregano, 1 großes Hähnchen, 1-2 EL Mondamin Fix Soßenbinder dunkel, 1 EL Tomatenmark, 4 EL Sauerrahm. Paprikaschoten vierteln, entkernen, waschen und in große Stücke schneiden. Zwiebel schälen und mit dem Speck in Würfel schneiden. 4 EL Öl in einer Pfanne erhitzen, Zwiebel- und Speckwürfel darin andünsten und Paprikastücke dazugeben.

Mit Pfeffer, Salz, Paprika und Oregano kräftig würzen und 5 Minuten dünsten. Flüssigkeit dabei einkochen lassen. Hähnchen außen und innen mit Pfeffer, Salz und Paprika einreiben und mit dem abgekühlten Gemüse füllen. Öffnung gut verschließen. Das Hähnchen außen mit dem Öl bepinseln. Hähnchen mit der Brust nach unten in eine feuerfeste Form legen und im vorgeheizten Backofen bei 225°C 20 Minuten braten. Dann das Hähnchen wenden und weitere 30 Minuten garen. Während des Bratens das Hähnchen mehrmals mit dem Bratenfond begießen, damit die Haut knusprig wird.

Danach das Hähnchen aus der Form nehmen und warmstellen. Bratenfond mit Wasser zu 1/8 l Flüssigkeit auffüllen und aufkochen. Tomatenmark und Sahne dazugeben. Das Hähnchen in Stücke zerteilen und auf Teller mit dem Gemüse und der Soße anrichten.

*Abb. Seite 45:
Serviettenkloß, wienerisch
mit Hähnchen Budapester Art*

Hochzeitsknödel, Steirischer

*150 g Schweinefett, 3-4 Eier,
Salz, Muskat,
150 g Schweinebraten, 150 g Emmentaler,
150 g Sauerkraut, 5-6 Semmeln*

Etwa 150 g Schweinefett, 3-4 Eier, Salz und Muskat rührt man schaumig und gibt 150 g feingewiegten Schweinebraten, 150 g geriebenen Emmentaler, 150 g feingeschnittenes, ausgedrücktes Sauerkraut und 5-6 aufgeschnittene Semmeln dazu. Der Teig wird mit der Hand vermengt und in eine Serviette gewickelt, rundgedrückt, zugebunden und 20-25 Minuten in Salzwasser gekocht. Man reißt ihn oben etwas auf, setzt eine Tomate hinein und gießt braune Butter darüber.

Brezenknödel, gebacken

*8 Brezensemmeln, 3 Eier,
1 kleine Zwiebel in Würfel,
ca. 1/8 l Milch,
Salz, Pfeffer,
feingehackte Petersilie,
Schnittlauch, Butter*

Semmeln in Würfel schneiden und mit der lauwarmen Milch übergießen. Die gewürfelte Zwiebel dazugeben und mit Salz und Pfeffer abschmecken. Eier, Schnittlauch und Petersilie unterrühren. Aus der Knödelmasse kleine Knödel formen und in Butter in der Pfanne rundum braten.

Serviettenkloß, gefüllter

Die Masse wie zu Semmelknödeln wird in der Mitte einer nassen Serviette breitgedrückt. Darauf gibt man weichgekochtes, abgetropftes Gemüse, Pilze oder Fleischreste, schließt den Kloß und bindet die Serviette darüber zusammen.

Man kann auch gebutterte Alufolie verwenden. Der Kloß wird, an einem Kochlöffel hängend, in Salzwasser 1/2 Stunde gekocht, dann in Scheiben geschnitten und mit brauner Butter übergossen.

Jägerklöße

*Ein Stückchen Speck,
2 Zwiebeln, Zitronenschale,
Petersilie, 8-10 Semmeln,
1/4 l Milch, 150 g Pilze,
2-3 Eier, 1-2 EL Mehl,
Suppenwürze, Salz,
Paprika, Majoran*

Ein Stückchen Speck wird gewürfelt und mit 2 gehackten Zwiebeln leicht angeröstet; man gibt geriebene Zitronenschale und reichlich gehackte Petersilie daran.

Dann schneidet man 8-10 Semmeln auf, übergießt sie mit 1/4 Liter kochender Milch und fügt den Speck, etliche gehackte Pilze, 2-3 Eier und 1-2 Esslöffel Mehl hinzu.

Man würzt herzhaft mit Suppenwürze, Salz, etwas Majoran und Paprika, knetet die Masse rasch durch und formt mit nassen Händen Knödel, die in Salzwasser gekocht werden. Dazu gibt es beliebigen Salat.

Hochzeitsknödel

*50 g Butter,
3-4 Eier,
150 g geräuchertes Wammerl in Würfeln,
150 g geriebener Emmentaler Käse,
150 g fein gehacktes, ausgedrücktes Sauerkraut,
5-6 alte Semmeln in kleinen Würfeln,
1 Prise Salz,
1 Prise Muskat,
etwas geriebene Zitronenschale,
1 Tomate,
etwas zerlassene Butter*

Eier, Fett und Gewürze schaumig rühren, Fleischwürfel, Käse, Kraut und Semmelwürfel zugeben.

Teig erst mit dem Kochlöffel, dann mit der Hand gut vermengen. Rund formen, in eine nasse Stoffserviette wickeln und locker zubinden. In Salzwasser ca. 30 Minuten kochen. Vor dem Servieren Knödel oben mit zwei Gabeln etwas aufreißen, eine Tomate in die Mulde setzen und mit zerlassener Butter übergießen.

Fränkische Mehl-Semmelknödel

*500 g Mehl, Salz,
3/8-1/2 l Wasser oder Milch
(oder halb und halb),
3-4 Eier, 3-4 Semmeln vom Vortag,
30-40 g Butter.
Zum Anrichten:
30 g Butter, Semmelbrösel*

Semmeln in gleichmäßige Würfel schneiden, in Butter hellbraun anrösten. Mehl in Beschaffenheit von Spätzleteig herstellen, sehr gut abschlagen, bis der Teig Blasen wirft, Semmelwürfel untermengen, Teig etwa 1 Stunde ziehen lassen, dann mit einem Esslöffel Klöße abstechen, in reichlich kochendes Salzwasser einlegen, zugedeckt rasch bis zum Kochen bringen, dann halboffen 20-30 Minuten leicht sieden lassen. Fertige Knödel gut abtropfen, auf einer heißen Platte anrichten, nach Belieben mit etwas heißer Butter oder gerösteten Semmelbröseln bestreut zu Tisch bringen.

Egerländer Hefe-Semmelknödel

*Für den Hefeteig:
250 g Mehl, Salz, 15 g Hefe, 1/4 l Milch,
2 Eier, 2 EL Öl, 6 Semmeln vom Vortag,
30-40 g Butter, 1 Zwiebel, 2 EL Petersilie.*

*Zum Anrichten:
20-30 g Speck, 1-2 Zwiebeln*

Flüssigen Hefeteig herstellen: Dampferl ansetzen, nach dem Gehen mit allen übrigen Zutaten zu dickflüssigem Teig abschlagen, diesen gehen lassen. Semmeln in gleichmäßige kleine Würfel schneiden, mit feingewiegter Zwiebel und Petersilie in Fett leicht anrösten und abgekühlt unter gegangenen Hefeteig mengen, Teig nochmals 1/2 Stunde gehen lassen, dann kleine Knödel oder Klöße formen, in reichlich kochendes Salzwasser einlegen, etwa 15 Minuten leise köcheln lassen. Danach gut abtropfen lassen und auf einer heißen Platte mit gerösteten Speckwürfeln und Zwiebelringen anrichten.

Böhmische Semmelknödel, herzhaft

*200 g Mehl, Salz, 3/8 l Milch, 3-4 Eier,
6-8 Semmeln vom Vortag,
60 g Butter oder Fett,
1 Zwiebel, 2 EL Petersilie*

Semmeln in gleichmäßige Würfel schneiden, mit feingeschnittener Zwiebel und gehackter Petersilie in Butter oder Fett leicht bräunen, abkühlen lassen. Mehlteig aus angegebenen Zutaten wie Pfannkuchenteig herstellen, geröstete Semmelwürfel untermengen, 1/2 Stunde ziehen lassen. Aus der Masse 1-2 große Knödel oder Wecken formen, in kochendes Salzwasser einlegen, zugedeckt rasch zum Kochen kommen lassen, dann halboffen 30-45 Minuten, je nach Größe, leise köcheln lassen. Nach dem Garen mit einem Schaumlöffel aus dem Wasser nehmen, gut abtropfen und ausdampfen lassen, auf einer vorgewärmten Platte anrichten und mit einem Bindfaden in Scheiben schneiden. Nach Belieben mit gerösteten Zwiebelringen bestreuen.

Man kann diese Masse auch zu kleineren Knödeln formen, dann beträgt die Garzeit nur 25 Minuten.

Südtiroler »Pressknödel«

*350 g Knödelbrot oder 6-8 Semmeln vom Vortag,
150 g Graukäse oder kräftigen Bergkäse,
2 Eier, Salz, 3-4 gekochte Erdapfel (Kartoffeln),
knapp 1/4 l Milch, 2-3 EL Mehl,
Öl zum Braten, Salzwasser zum Kochen*

Das Knödelbrot, Käse, Eier und geschälte, zerdrückte Kartoffeln gut vermischen. Mit Milch übergießen, etwas durchziehen lassen, dann das Mehl unterrühren und gut durchkneten.

Aus der Masse gleichgroße Knödel formen, diese dann flach pressen und in heißem Öl von beiden Seiten langsam goldbraun anbraten. Anschließend sofort in kochendem Salzwasser ca. 10 Minuten lang leicht sieden lassen. Abgießen und auf Sauerkraut servieren.

Oberfränkischer Serviettenkloß

*5 alte Semmeln, 1/8-1/4 l Milch, 3 Eier,
1 Zwiebel, 1 EL Petersilie,
50 g Butter, Salz, Muskatnuss*

Die Semmeln vom Vortag werden fein geschnitten und mit der Milch übergossen, darunter rührt man die Eier. Kräftig durchgeknetet, lässt man dann diesen Knödelteig gut 1/2 Stunde stehen, bestreut ihn dann mit der fein gehackten Zwiebel und Petersilie, die vorher in Butter leicht angedünstet wurden, und würzt den Teig. Und nun kommt die feine Sache der oberfränkischen Serviettenkloßzubereitung:

Man formt einen großen Kloß und gibt diesen in eine nasse oder noch besser in eine mit Butter bestrichene Serviette und bindet sie an allen vier Enden zusammen.

Durch diese Verknotung steckt man einen Kochlöffel und hängt daran den Serviettenkloß in siedendes Salzwasser, wo er gut eine 3/4 Stunde garziehen muss. Ähnlich dem Böhmischen Knödel oder Serviettenkloß werden von diesem Knödel im Großformat mit einem Bindfaden oder einem benetzten Messer die entsprechenden Scheiben fingerdick abgeschnitten und zu festlichen Fleischspeisen serviert.

Bohnenknödel

*500 g weiße Bohnen, 8 alte Semmeln,
1/4 l Milch, 2 Eier, Salz, 1 Zwiebel,
1 EL Petersilie*

Die weißen Bohnen müssen über Nacht eingeweicht und dann in diesem Wasser weich gekocht werden.

Die Semmeln werden abgerieben, fein geschnitten, mit der heißen Milch übergossen und müssen dann 1/2 Stunde ziehen. Bohnen, Semmeln, Eier, Salz, die fein gehackte Zwiebel und Petersilie werden vermischt und alles gut durchgeknetet. Die klein geformten Knödel werden 20 Minuten in Salzwasser eingelegt.

Dazu empfiehlt sich eine schnelle Tomatensoße: 70 g Butter werden in einem Topf geschmolzen, 50 g Mehl eingerührt und zuletzt 2 EL Tomatenmark. Es folgt ein Aufguss mit heißem Bohnenwasser. Alles muss gut durchkochen und wird mit Pfeffer und Majoran abgeschmeckt.

Münchner Maroniknödel

*Je 500 g Maroni und Knödelbrot, Salz,
Pfeffer, 1/4 l Milch*

Maroni über Kreuz einschneiden und weichkochen, dann abschälen und zu einem Brei zerdrücken. Knödelbrot mit warmer Milch einweichen, Maronimus dazu geben, den Teig salzen und pfeffern. Aus dieser Masse werden nun Tennisball große Knödelchen geformt, die im Salzwasser ca. 15 Minuten ziehen müssen.

Diese besondere Spezialität wurde in München am Neujahrstag zur Wildschweinhaxe gegessen.

Schnell d'Gab'l her und's
Messa g'wetzt -
d'Knödl kemman jetzt.
(Spruch aus dem Niederbayerischen)

Kartoffelkloß und Reibeknödel

Hätte es ihn in den Notzeiten der vergangenen beiden Jahrhunderte nicht gegeben, hätten viele Menschen noch größeren Hunger ausstehen müssen. Ohne ihn wär's kein Leben gewesen, ohne ihn: den Kartoffelkloß. Aber nicht nur als Leibspeise der Armen ist er geschätzt, sondern auch an festlichen Tafeln. Wenn es heutzutage Enten- oder Gänsebraten gibt, ist er nicht wegzudenken, der Kloß oder Knödel aus Kartoffeln. Im »Bamberger Kochbuch« aus dem Jahre 1805 hat der Kartoffelknödel bereits seinen festen Platz.

»Gekrönte Häupter«
(Originalrezept)

Um die Wende hin zum 20. Jahrhundert wurden Semmel- und Kartoffelknödel in vielen Teilen Mitteleuropas dermaßen hoch geschätzt, dass man ihnen in »Das neue Kartoffel-Kochbuch« von Maria Bachmeier, herausgegeben um 1900, sogar den ehrfurchtsvollen Namen »Gekrönte Häupter« gab.

»Zwei bis drei Semmeln werden fein aufgeschnitten, mit siedender Milch angebrüht, etwas Salz dazu gegeben und zugedeckt stehen gelassen. Währenddessen siedet man vier bis fünf schöne Kartoffeln, schält sie und reibt oder passiert sie durch ein Sieb. Sind sie etwas ausgekühlt, dann kommen sie nebst zwei Eiern zu den geweichten Semmeln, macht alles gut untereinander und formt schöne runde Knödel daraus, legt sie in das kochende Wasser und lässt sie eine Viertelstunde kochen; dann nimmt man sie heraus auf eine Platte, schneidet sie in der Mitte durch, macht in einem Tiegel Butter heiß, röstet Semmelbrösel schön gelb und schmelzt damit die Knödel auf.«

> Sexadreißig Leberknödl
> und a Drumm Wurst;
> und wear a scheane Kellnerin liebt,
> leidet koan Durst.
> *(Österreichisches »Gstanzl«)*

Kartoffelknödel bürgerlich
(Originalrezept)

»Für 12 Personen nimmt man 16 Kartoffeln, siedet solche weich, schälet die Haut davon, und laßt sie kalt werden; dann reibet man sie auf einem Reibeisen.

Zu diesen Kartoffeln braucht man nur 4 Kreuzerbrode; zwey werden eingeweicht, und zwey werden würfelartig zusammengeschnitten und gebacken; auch thue nur eine starke Gaisel (so viel du mit 2 hohlen Händen fassen kannst) Mehl dazu. Dann mache kleine runde Knödel draus und laß sie eine halbe Stunde lange sieden.

Man kann auch geriebenes Brod darauf rösten oder auch Zwiebeln, wie man will. Die Knödel können auch auf einen Fasttag gegeben werden.«

★

Im »Neuesten Klöß- oder Knödelkochbüchlein nach fränkisch-bayrischer Weise«, erschienen 1880 in Kulmbach, stehen die »Gewöhnlichen Klöße von rohen Kartoffel« gleich an erster Stelle mit eingehender Zubereitungsweise.

★

Kartoffelklöße werden in einer wahren Namensvielfalt kredenzt. Nennt man die aus roh geriebenen Kartoffeln hergestellten runden Spezialitäten in Bayern Reibe- oder Reiberknödel, so werden sie in nördlichen Gefilden als rohe Klöße oder grüne Klöße bezeichnet. Die rohen Klöße nehmen die in Thüringen Geborenen als Thüringer Klöße für sich in Anspruch. Es gibt aber dann auch Knödel, die halb aus rohen, halb aus gekochten Kartoffeln hergestellt werden, deshalb der Name »Knödel halb und halb«. In Thüringen kennt man auch noch die Halbseidenen Klöße, die aus einem Teig hergestellt sind, bei dem Mehl und Kartoffeln als Zutaten im Rezept stehen. Hier noch ein paar andere Namen für Knödel und Klöße, in denen als Zutaten Kartoffeln eine Rolle spielen:

- Erdäpfelknödel
- Kartoffelwickelkloß
- Geschnittene Kartoffelklöße
- Grüne Kartoffelklöße
- Thüringer Aschkloß
- Thüringer Watteklöße
- Vogtländer grüne Klöße
- Holsteiner Klöße
- Holsteinische Kartoffelklöße
- Polnische Klößel
- Hoorige Knepp
- Zehntelknödel
- Pfälzer Kartoffelklöße
- Gefüllte Pfälzer Kartoffelklöße
- Seidene fränkische Klöße

Kurzum: Allein den Knödeln aus Kartoffeln als dominierende Hauptzutat für den Teig könnte eine Rezeptsammlung gewidmet sein. Aus einer Sammlung von über 50 Rezepten hier die dominierendsten und speziellsten, die landläufig die größte Verbreitung haben, woraus zu schließen ist, dass sie auch am besten munden.

Bayerische Reibeknödel

1 kg rohe Kartoffeln, 500 g gekochte Kartoffeln, Salz, Muskat, Pfeffer, Knödelbrot von 2 alten Semmeln, 1 Ei, 1/4 l saurer Rahm (Ersatz: Milch oder Wasser)

Die rohen Kartoffeln werden geschält und auf einer Reibe fein gerieben. Damit sie nicht braun werden, nehmen manche Hausfrauen leicht lauwarmes Essigwasser, in das sie die

Kartoffeln hineinreiben. Die geriebenen Kartoffeln werden in einem großen Küchentuch oder auch Handtuch ausgepresst und mit den bereits am Vortag oder rechtzeitig zuvor gekochten Kartoffeln, die man schält und ebenfalls reibt, vermischt. Dann werden sie mit Salz abgeschmeckt und nach Belieben mit etwas Muskat und Pfeffer leicht gewürzt. Dieser Kartoffelteig wird nun mit dem Knödelbrot vermengt (wer am Ort kein bereits fein geschnittenes Knödelbrot bekommt, muss die alten Semmeln selbst abreiben und mit einem scharfen Messer in dünne Scheiben schneiden).

Nachdem das Ei und der saure Rahm bzw. Milch oder Wasser hinzugegeben sind, wird das Ganze nochmals gut durchgeknetet. Mit nassen Händen formt man dann die Knödel. Damit keine »Fingerabdrücke« verbleiben, werden sie beim Einlegen in das siedende Wasser auf einen Schöpflöffel gegeben und darin ein bisschen gedreht, damit sie schön rund werden. Im kochenden Salzwasser garen die Knödel in 20-30 Minuten. Dazu wird ein knuspriger Schweinebraten und Krautsalat serviert.

Wichtig bei der Herstellung des Knödelteigs aus rohen Kartoffeln ist, dass zwischen dem Reiben und dem Kneten bzw. Knödelformen die Arbeitsfolge ziemlich rasch hintereinander geschieht, damit der Teig nicht nachdunkelt und später die Knödel unansehnlich werden. Dem Knödelteig beigefügt werden können auch 1-2 Esslöffel Grieß, was sich als gutes Bindemittel erweist.

Servieren kann man die sog. »Grüngeriebenen«, wie sie ja in süddeutschen Landstrichen auch genannt werden, mit angebräunter Butter und gerösteten, fein gehackten Zwiebeln übergossen.

> Knödel, Nocken, Nudeln, Plenten
> sind die vier Tiroler Elemente.
> *(Kobell)*

Abb. Seite 50:
Bayerische Reibeknödel

Kartoffelklößchen

*30 g Butter, 150 g gekochte Kartoffeln,
30 g Mehl, Salz, Muskat*

Die Butter bzw. ersatzweise Margarine wird schaumig geschlagen und den geriebenen, gekochten Kartoffeln und dem Mehl beigegeben. Dieser Kartoffelteig wird mit Salz und Muskat gewürzt. Mit einem Teelöffel formt man kleine Klöße, die in 5 Minuten in Salzwasser oder gleich in kochender Brühe garen. Bei Verwendung von Brühe können sie darin als Kartoffelklößchensuppe serviert werden.

Niederbayerische Kartoffelknödel

*1 kg gekochte Kartoffeln,
250 g Mehl, 2 Eier, Salz*

Die geriebenen Kartoffeln werden mit dem Mehl und den Eiern zu einem Teig verknetet und sofort zu Knödeln geformt. Diese werden in kochendes Salzwasser eingelegt und müssen 1/4 Stunde bei mäßiger Hitze garziehen.

*

(Originalrezept)

Aus dem »Neuen Kartoffel-Kochbuch« von Maria Bachmeier, erschienen um 1900, stammt das folgende Rezept:

Kartoffelknödel mit Kremeln

(Kremeln = Grieben)

»Sechs bis acht Kartoffeln werden gewaschen, geschält, auf dem Reibeisen in etwas gesalzenes Wasser gerieben und etwas stehen gelassen; währenddessen reibt man drei bis vier am Tage vorher gesottene Kartoffeln in eine Schüssel, drückt die geriebenen rohen Kartoffeln gut aus, tut sie zu den andern nebst einer aufgeschnittenen Semmel mit einem Ei, Salz, und mengt dieses gut untereinander ab; gibt dann die Kremeln, das ist das Fett, welches klein zusammengeschnitten und auf dem Feuer ausgepreßt wird, dazu; diese Krusten nennt man Kremeln. Diese werden dann zu der Masse gegeben, gut untereinander gemengt, Knödeln daraus geformt, in das kochende Wasser gelegt und eine halbe Stunde langsam gekocht. Gut gekochtes Sauerkraut dazu gibt ein einfaches, aber nährendes Gericht.«

Gewöhnliche Klöße von rohen Kartoffeln
(Originalrezept)

»Dazu nimmt man für vier Personen ungefähr 12 große rohe und 8 gekochte Kartoffeln. Die rohen werden, nachdem sie sauber geschält sind, auf einem großen Reibeisen gerieben und mit frischem Wasser übergossen, nun läßt man sie etwas stehen, nimmt dann ein dünnes Leinwandsäckchen, thut sie hinein und drückt oder preßt sie recht fest aus, daß alles Wasser herauskommt, gleich darauf werden sie gewalzen und mit 1/4 Liter Milch oder Wasser gebrüht.

Die gekochten Kartoffeln müssen schon vorher gerieben und etwas warm gestellt werden; sodann rührt man sie gleich unter die gebrühten, sowie auch für 6 Pfennige gut fett geröstete Semmelbröcklein; ist alles beisammen, so werden die Klöße schnell formiert und ins kochende Wasser gelegt; – in einer kleinen halben Stunde sind sie fertig. Hauptsächlich ist zu bemerken, daß man die Kartoffeln nicht eher ausdrücken und anbrühen darf, bis man sie in das kochende Wasser einlegen kann, denn, wenn der Teig nur etwas eingerührt steht, so wird er braun, und die Klöße verlieren das appetitliche weiße Aussehen.«

Abb. unten:
Klöße von rohen Kartoffeln

Wiener Kartoffelknödel

*500 g gekochte Kartoffeln,
1 Semmel, 30 g Butter,
2 Eier, Salz, 100 g Grieß,
50 g Mehl*

Die gekochten Kartoffeln werden geschält und gerieben oder zerstampft und anschließend mit der eingeweichten Semmel und den anderen Zutaten gut vermengt und verknetet.

Mit mehligen Händen formt man nicht zu große Knödel und gibt diese in kochendes Salzwasser, wo sie in ca. 1/4 Stunde garziehen.

Kartoffelklößchen nach Berner Art

*Für 4 Personen
1 kg rohe, geschälte, aufgeriebene Kartoffeln,
2 EL Saurrahm, 60 g gekochter Schinken,
3 EL Petersilie, 2-3 Knoblauchzehen,
1/2 TL Majoran, Pfeffer, Salz*

Zwiebel und Schinken in sehr kleine Würfel schneiden. Petersilie, durchgepressten Knoblauch, Majoran, Pfeffer, Salz und die Zwiebel- und Schinkenwürfel zu den geriebenen Kartoffeln geben, Sauerrahm zufügen, und falls der Teig zu weich ist, etwas Mehl dazutun.

Aus dem Teig kleine Knödelchen formen und in kochendes Salzwasser legen. Einmal aufkochen und 10-15 Minuten ziehen lassen, mit brauner Butter beträufeln und mit Grünen Bohnen servieren.

*Abb. unten:
Kartoffelklößchen nach Berner Art*

Kartoffel-Grießknödel

*750 g Kartoffeln, 1 EL Mehl,
1 kleine Tasse Grieß, Salz,
1 Semmel oder ein Stück Käse, Majoran*

3/4 kg gekochte Kartoffeln werden geschält, aufgerieben und mit 1 gehäuften Eßlöffel Mehl und 1 kleinen Tasse Grieß sowie etwas Salz vermengt. Aus der Masse formt man Knödel und drückt in die Mitte entweder geröstete Semmel- oder Käsewürfel, die mit Majoran vermischt wurden. Die Knödel werden in Salzwasser 10-15 Minuten gekocht. Wenn sie sich drehen, bringt man sie rasch zu Tisch.

Kartoffelknödel, fränkische

*5-6 große Kartoffeln, 1 Tasse Milch,
250 g gekochte Kartoffeln, Salz, 1 Semmel*

5-6 große, rohe, geriebene Kartoffeln werden mit 1 Tasse kochender Milch übergossen. Daran gibt man etwa 1/4 kg gekochte, kalte, geriebene Kartoffeln. Die Masse wird gesalzen und zu Knödeln geformt. Man drückt in jeden Knödel einige geröstete Semmelwürfel. Sie werden in Salzwasser 20 Minuten vorsichtig gekocht; das Wasser darf nicht sprudeln, sondern nur leise ziehen, sonst zerkochen die Knödel und werden unansehnlich. Man siebt sie ab und trägt sie rasch auf.

Kartoffelknödel, rohe

*1 1/2 kg Kartoffeln, 1 Tasse Mehl,
1 Tasse kochende Milch, Salz*

1 1/2 kg rohe Kartoffeln werden geschält und aufgerieben. Man drückt die Masse durch ein Tuch; je mehr man sie ausdrückt desto strenger werden die Knödel. Man gibt 1 Tasse Mehl, 1 Tasse kochende Milch und etwas Salz dazu. Wenn man die Knödel lockerer haben will, fügt man 100 g in 1/4 Liter Milch eingekochten Grieß und 1 Ei daran. Aus dieser Masse formt man mit nassen Händen Knödel, drückt in ihre Mitte einige geröstete Semmelwürfel und kocht sie dann 20 Minuten in Salzwasser. Sobald sie schwimmen und sich drehen, sind sie gar.

Kleine Kartoffelbällchen

(auch zum Garnieren geeignet)

*250 g mehlige Kartoffeln, 30-40 g Mehl,
Salz, Muskat, evtl. 1 Ei.
Zum Panieren:
1 Eiweiß, Semmelbrösel,
Ausbackfett*

Vom Vortag gekochte Kartoffeln schälen, locker aufreiben und Kartoffelteig herstellen. Mehl nur soviel wie nötig zugeben. Der Teig darf aber nicht mehr an den Händen kleben. Aus der Masse kleine Kugeln formen, diese in Eiweiß und Semmelbröseln wenden und in heißem Ausbackfett schwimmend goldbraun backen.

Kartoffelbällchen, fein

*500 g mehlige Kartoffeln, 30-40 g Butter,
2 Eigelb, 50 g Mehl, Salz, Muskatnuß, 50 g
gekochten Schinken, 2 EL Parmesan.
Zum Panieren:
1 Ei, Semmelbrösel,
Ausbackfett*

Vom Vortag gekochte Kartoffeln schälen, locker aufreiben. Butter schaumig schlagen, Eigelb unterziehen, Gewürze, geriebene Kartoffeln und Mehl zu der Ei-, Buttermasse geben. Alles leicht zusammenkneten, kleine Kugeln daraus formen, in Ei und Semmelbröseln wenden und in heißem Fett schwimmend goldbraun backen.
Abwandlung mit Brandteig:
Brandteig herstellen, abkühlen lassen, geriebene Kartoffeln untermengen, Teig mit Salz, Muskat und geriebenem Käse abschmecken, Kugeln formen, diese panieren und im heißen Fett schwimmend goldbraun ausbacken.

Die Knödelköchin

Thüringer mit Grieß

*1,5 kg rohe Kartoffeln,
1/4 l Milch, 1 TL Salz, 50 g Margarine,
150 g Grieß,
1 alte Semmel, etwas Butter*

Die Kartoffeln werden geschält, gerieben und dann ausgepresst, was am besten mit einem großen Küchentuch oder Handtuch geschieht. Anschließend wird die Milch gemeinsam mit dem Salz und der Margarine gekocht, wobei man den Grieß langsam einrührt, bis sich alles zu einer teigigen Masse entwickelt, die den ausgepressten Kartoffeln beigefügt und gut verknetet wird.

Damit das Knödelmachen besser von der Hand geht, bestäubt man sich die Hände mit Mehl und formt dann ziemlich große Klöße, in deren Mitte man in Butter geröstete Semmelwürfel drückt. Die Garzeit beträgt ungefähr 15-20 Minuten.

Kartoffel-Möhrenknödel

*500 g rohe Kartoffeln, 500 g gekochte Kartoffeln,
200 g Möhren (Karotten), 2 Eier, 1 alte
Semmel, 1 TL Salz, 1 Zwiebel,
40 g Butter, 4-6 EL Sahne, Petersilie, Pfeffer*

Die rohen Kartoffeln werden geschält und gerieben, in einem Tuch fest ausgedrückt und den gekochten, geriebenen Kartoffeln beigemengt. Die Karotten und die Zwiebel werden roh fein aufgerieben und mit den Kartoffeln vermengt. Die übrigen Zutaten kommen hinzu, und alles wird gut verknetet. Die Kartoffel-Möhrenklöße werden zu drei Rollen geformt, ca. 5 cm dick in reichlich Salzwasser kurz aufgekocht, und danach dürfen sie nur noch 20 Minuten ziehen. Zum Servieren schneidet man sie mit einem

Abb. unten:
Kartoffel-Möhrenknödel

scharfen Messer oder einem Bindfaden in 2 cm dicke Scheiben, begießt sie mit zerlassener Butter und streut Petersilie darüber. Auf dem Foto S. 56 werden sie mit Rinderbraten angerichtet.

Kartoffelwickelknödel

*500 g gekochte Kartoffeln,
150 g Mehl, 1 Ei, etwas Salz, 200 g Geräuchertes,
2 EL Semmelbrösel*

Die am besten schon tags zuvor gekochten Kartoffeln werden geschält, gerieben, mit Mehl, dem Ei und Salz verknetet.

Dieser Teig wird mit einem Nudelholz ausgerollt und mit dem klein gehackten Geräucherten (ersatzweise auch Wurst) bestreut. Der Teig wird wieder zusammengerollt und die Teignudel in ca. 5 cm lange Stücke geschnitten.

Aus jedem Stück wird ein Knödel geformt, wobei man die Schnittflächen gut verknetet, damit sie nicht aufgehen. 20 Minuten müssen sie dann im kochenden Salzwasser garen. Vor dem Servieren überstreut man die Knödel mit gerösteten Semmelbröseln. Eine hervorragende Sache zu Sauerkraut und Selchfleisch (geräuchertes Fleisch)!

Kümmel-Kartoffelknödel

*1,5 kg Kartoffeln,
5 alte Semmeln,
150 g Butter, 50 g Mehl, 5 Eier,
2 EL Kümmel, Salz, Muskatnuss*

Die in der Schale gekochten Kartoffeln werden, nachdem sie geschält und abgekühlt sind, gerieben oder durch den Fleischwolf gedreht. Die Semmeln werden in kleine Würfel geschnitten und in Butter schön goldgelb geröstet.

Kartoffelteig und Semmelwürfel werden mit dem Mehl, den Eiern und der gehackten Petersilie vermischt und gewürzt, der Teig muss 1 Stunde ruhen. Entweder formt man daraus nicht zu große, runde Knödel und gart sie wie üblich in siedendem Salzwasser.

Oder man walzt den Knödelteig auf einem mit Mehl bestäubten Brett zu einem ca. 20 cm langen und 1 cm dicken Teigstück aus, rollt es auf und lässt die Rolle in kochendem Salzwasser in 20 Minuten garziehen. Mit Bindfaden werden vor dem Servieren 1 cm dicke Knödelscheiben abgetrennt.

Schlesische Kließla

*1 kg gekochte Kartoffeln, 200 g Mehl,
1-2 Eier, Salz, 2-3 Zwiebeln,
50 g Butter*

Die Kartoffeln werden geschält und gerieben oder durch einen Wolf gedreht. Diese Kartoffelmasse wird mit dem Mehl, den Eiern und Salz gut vermengt.

Die Zwiebelringe werden in der Butter geröstet und beim Formen mitten in die Knödel gedrückt. Die wieder gut verschlossenen Knödel müssen in kochendem Salzwasser ungefähr 10-15 Minuten ziehen. Vor dem Servieren kann man sie mit gerösteten Semmelbröseln bestreuen.

Anglerglück durch Knödelreste

Geheimtip eines Petrijüngers zur Knödel-Resteverwertung: Neben dem Quentchen Glück, speziell beim Karpfen- und Schleienangeln, braucht man nur ein Bröckchen Semmelknödel an den Angelhaken zu geben, umso dem Erfolg ein großes Stück näher zu sein. Auch Knödelteig (speziell von Semmel- und Kartoffelknödeln, von gekochten Kartoffeln am besten) ist als Köder begehrt.

Gefüllte Kartoffelknödel

*1 kg gekochte Kartoffeln, 250 g Stärkemehl,
2 Eier, Salz, Muskat, 150-200 g Fleisch,
Wurst oder Käse*

Die gekochten Kartoffeln werden geschält und gerieben. In erkaltetem Zustand werden sie mit dem Stärkemehl und den Eiern sowie mit Salz und Muskat gewürzt und zu einem gut durchgekneteten Knödelteig verarbeitet.

Die nicht zu groß geformten Knödel werden mit gehacktem, bereits gekochtem Fleisch oder mit Wurststückchen oder mit Käsewürfelchen gefüllt. Diese Füllung kann man zusätzlich mit gerösteten Zwiebeln würzen. Dann müssen die Knödel in siedendem Salzwasser 15-20 Minuten garziehen. Diese Knödel schmecken gut zu mageren Braten.

Grüne Klöße aus dem Vogtland

*1 kg rohe Kartoffeln, 100 g gekochte Kartoffeln,
2-3 Tassen Milch, Salz,
2 alte Semmeln, etwas Butter*

Die rohen Kartoffeln werden in eine Schüssel mit kaltem Wasser gerieben, in dem sie eine gute Stunde stehen bleiben, wobei das Wasser öfters gewechselt werden muss. Die gekochten Kartoffeln werden ebenfalls gerieben, darüber die kochende Milch geschüttet, zu einem Brei heißgekocht und dann mit der ausgepressten, rohen (= grünen) Kartoffelmasse verknetet und gesalzen. Die Knödel werden mit nassen Händen geformt, wobei in deren Mitte die in etwas Butter gerösteten Semmelwürfel eingedreht werden. In kochendem Salzwasser müssen sie ca. 20 Minuten ziehen, um gar zu werden.

Westfälische Sauerkrautklöße

*2 kg rohe Kartoffeln,
150 g geräucherter Speck, 1 Zwiebel,
2 Tassen Sauerkraut, 50 g Mehl, Salz,
Pfeffer, 1 Semmel*

Die Kartoffeln werden geschält, gerieben und in einem großen Tuch ausgepresst. In Westfalen wird dieser Kartoffelteig mit einer Tasse kochendem Wasser übergossen. Der fein geschnittene Speck wird ausgelassen, die fein gehackte Zwiebel darin geröstet und das Sauerkraut fein gehackt. Alles zusammen gibt man unter den Kartoffelteig, der mit dem Mehl gebunden und mit Salz und Pfeffer abgeschmeckt wird. Mit nassen Händen werden die Knödel geformt. Dabei werden die in etwas Butter gerösteten Semmelwürfel in die Mitte der Knödel gegeben oder auch von außen in die Knödel eingedrückt. Der Garprozess in siedendem Salzwasser dauert zwischen 25 und 30 Minuten.

*Abb. Seite 59:
Gefüllte Kartoffelknödel*

An den Knödeln sollt ihr sie erkennen ...

An ihren Knödeln hat John Collins aus Murton (US-Staat Ohio) seine Ex-Gattin Margaret wiedererkannt. Als er kürzlich an eine Haustür klopfte und um warmes Essen bat, kredenzte ihm eine freundliche Dame Gulasch mit Knödeln. »Die schmecken genauso gut wie einst bei meiner Frau«, lobte der Vagabund die Mahlzeit, »es ist mein Lieblingsgericht, und meine Gattin hat es mir vor unserer Scheidung vor 27 Jahren oft gekocht.« Im weiteren Verlauf des Gespräches stellte sich heraus, dass die Ähnlichkeit nicht von ungefähr kam, sondern Mr. Collins tatsächlich bei den Kochtöpfen seiner Verflossenen gelandet war. Die kulinarische Verbundenheit von Knödelköchin und Knödelfan endete schließlich erneut vor dem Standesbeamten.

(Aus dem »Münchner Merkur«)

Halbseidene Klöße

Halbseidene oder Seidene Klöße sind eine fränkische Spezialität.

*1 kg rohe Kartoffeln, 2 Semmeln,
50 g Butter oder Margarine,
100 g Mehl, 100 g Kartoffelmehl,
2 Eier, Salz*

Die Kartoffeln werden gekocht, geschält und noch heiß durch ein Sieb gedrückt oder gerieben. Die Semmeln werden in kleine Würfel geschnitten und im Fett goldgelb geröstet. Das Mehl und das Kartoffelmehl, die Eier und das Salz werden mit der Kartoffelmasse verknetet und mit bemehlten Händen die Knödel geformt, wobei man in jeden einige Semmelwürfel drückt und den Teig rundherum wieder rund formt.

Die Knödel werden dann in Kartoffelmehl gewälzt und in kochendes Salzwasser gegeben, wo sie in ungefähr 20 Minuten garziehen.

Halbseidene Klöße können zusätzlich noch mit 1/4-3/8 l Milch angemacht werden.

Seidene Klöße

*1 kg gekochte Kartoffeln,
300 g Kartoffelmehl, Salz, 1/4 l Wasser
oder Milch, 2 Eier, 1 Semmel,
etwas Butter*

Die Kartoffeln werden am Vortag gekocht. Die kalten Kartoffeln werden geschält, gerieben bzw. durch ein Sieb gedrückt und mit dem Kartoffelmehl vermengt. Ist der Teig gesalzen, wird er mit heißer Milch oder heißem Wasser überbrüht, die Eier darangegeben und alles verknetet. Beim Formen der Klöße sind die in Butter goldgelb gerösteten Semmelwürfel nicht zu vergessen, um die man den Knödelteig wickelt und dann rund formt. 15-20 Minuten müssen die Knödel in reichlich kochendem Salzwasser ziehen.

Überraschungsknödel

(Originalrezept)

»Man holt aus seiner Speisekammer alles, was man an Resten findet, zum Beispiel Fleisch, Würstl, Gemüse, Käse. Dann bereitet man aus gekochten Kartoffeln, Salz, Ei und Mehl einen geschmeidigen Teig, formt kleine Knödel und steckt in die Mitte eines jeden entweder ein Stückchen Fleisch oder Gemüse wie Spinat oder Blumenkohl usw. Klein geschnittener Käse schmeckt ganz besonders pikant.

Die im Salzwasser gekochten Knödel werden herausgenommen, auf einer Platte mit Butter und Semmelbrösel bestreut und nochmals im Rohr kurz überbacken.«

Abb. Seite 61: Gnocchi mit Tomatensoße

Gnocchi zum Karneval von Verona

Knödelfeste werden auch in Italien gefeiert. Das wohl berühmteste spielt sich alljährlich beim Karneval in Verona ab. Dieses Knödelfest hat seinen Ursprung im 15. Jahrhundert, als die Veroneser Bevölkerung bei einer Hungersnot furchtbar darben musste. Nach der Unterwerfung von Verona durch die Venezianer hielten es die neuen Herren der Stadt für angebracht, sich bei den Veroneser Untertanen mit der Verteilung von Speisen lieb Kind zu machen. Und dieser Brauch sollte sich bis zum Ende des 18. Jahrhunderts halten. Aus dem Staatssäckel finanziert, wurde die Bevölkerung alljährlich in den Tagen des Karnevals mit öffentlichen Speisungen verwöhnt. In Erinnerung an diese Staatsverköstigung wird auch heute noch alljährlich beim Karneval von Verona der »papa del gnoccho«, der Gnocchi- oder zu deutsch Knödel-Vater gewählt. Die Hausfrauen in einem Stadtteil Veronas warten dazu haufenweise mit Mehlspeisen auf, und am Freitag vor dem Karnevals-Endspurt gibt es diese Veroneser Köstlichkeit, mit Parmesan bestreut und heißer Butter übergossen oder mit Tomatensoße.

Wickelklöße aus dem Erzgebirge und Sachsen

*200 g durchwachsener Speck,
50 g Butter, 100 g Semmelbrösel,
1 kg gekochte Kartoffeln,
500 g Mehl, 1 TL Backpulver,
Salz, 1 Ei*

In einer Pfanne wird der Speck zu schön knusprigen Grieben ausgelassen. In einer anderen Pfanne wird die Butter erhitzt und darin die Semmelbrösel angeröstet. Die Kartoffeln werden geschält und gerieben, das mit dem Mehl vermischte Backpulver, Salz und das Ei hinzugegeben und alles kräftig durchgeknetet. Geschmeidiger wird der Teig durch Zugabe von etwas Milch. Auf einem mit Mehl bestreuten Nudelbrett wird der Teig mit dem Nudelholz 1 cm dick ausgerollt, mit den Grieben und den Semmelbröseln bestreut und von der Längsseite her aufgerollt. Die Teignudel wird dann in 5-6 cm lange Stückchen geschnitten, wobei man dann die beiden nach außen hin offenen Seiten zusammendrücken muss. Die Wickelklöße werden vorsichtig in heiße Brühe gelegt und müssen bei schwacher Hitze in ca. 20-25 Minuten garziehen. Sie werden mit Soße und portionierten Rippchen auf einer Platte angerichtet und mit Sauerkraut gereicht.

Klöße auf »Motten«

(Motten = Karotten)

*1 kg rohe Kartoffeln, 1 kg Schweinenacken,
2 EL Butter, Fleischbrühe,
2 altbackene Semmeln, Milch,
1 kg Karotten, 1 Zwiebel, 2 Eier, Muskat,
Pfeffer, Salz, Paprika, Petersilie*

Die Kartoffeln werden gekocht, geschält und dann einige Stunden kalt gestellt. Inzwischen wird der Schweinenacken in Butter angebraten, mit etwas Fleischbrühe aufgegossen und gegart. Die Semmeln werden in warmer Milch eingeweicht und die Karotten geputzt und in längliche Stücke geschnitten. Die fein geschnittene Zwiebel wird glasig angebraten, die Karotten beigegeben und beides zugedeckt gegart.

Die Eier, die klein geschnittenen Semmeln und die geriebenen Kartoffeln werden vermengt, gewürzt und aus diesem Teig Knödel geformt. Die grob gehackte Petersilie wird unter die Karotten gemischt, darauf die Klöße gesetzt, die so lange garen, bis sie »durch« sind. Das Fleisch wird geschnitten und zusammen mit den Klößen auf Motten serviert. Dieses Rezept ist eine Spezialität aus der Rhön.

Gnocchi di patate con burro verde

*1 kg Kartoffeln, 2 Eier,
200 g Mehl, Salz,
80 g Butter, 1 EL Kräuter
(Rosmarin, Basilikum und Majoran),
2 EL Petersilie, Salz,
1 Knoblauchzehe,
schwarzer Pfeffer,
100 g Parmesan*

Die Kartoffeln werden in der Schale gekocht, noch warm geschält und püriert. Etwas abgekühlt, werden die Eier, das Mehl und etwas Salz zugefügt und so lange verknetet, bis der Teig nicht mehr an den Händen klebt. Der Teig wird dann fingerdick ausgerollt und ca. 3 cm lange Stücke abgeschnitten. Damit die Knödel die spezielle Gnocchi-Form erhalten, müssen die Teigstücke quer auf die Gabel gelegt, mit den Fingern gerollt und etwas gedrückt werden. Sie sehen dann muschelförmig aus.

Die Gnocchi werden in Salzwasser gekocht, mit dem Schaumlöffel aus dem Topf herausgenommen und gut abgetropft. Die weiche Butter wird mit den gehackten Kräutern vermischt und erwärmt, wobei die gehackte Petersilie, ein bisschen Salz, der durchgepresste Knoblauch sowie der frisch geriebene Pfeffer zugegeben werden. Die Gnocchi werden damit übergossen und, last not least, mit Parmesan bestreut. Auch hier gilt: sofort servieren.

Gnocchi mit Zucchini-Möhrengemüse

1 kg Kartoffeln, 1 Ei, Salz, ca. 200 g griffiges Mehl, 50 g Butter, 1 Zwiebel, je 400 g Zucchini und Möhren, 3 EL Olivenöl, Gekörnte Brühe, Salz, Pfeffer, 3 EL gehackte Petersilie und 50-100 g Parmesan

Gnocchi zubereiten wie im vorherigen Rezept. Zwiebel schälen und würfeln, Zucchini und Möhren waschen. Möhren schälen und beides in Stifte schneiden.

Zwiebelwürfel und Zucchini-Möhrenstifte in heißem Öl andünsten, etwas Wasser angießen. Mit gekörnter Brühe, Salz und Pfeffer würzen und mit geschlossenem Deckel 5 Minuten garen. Butter schmelzen, über die Gnocchi geben, mit Petersilie und Parmesan bestreuen und mit dem Gemüse auf Tellern anrichten.

Gnocchi aus Kartoffelteig

*1 kg mehlige Kartoffeln,
Salz,
Mehl nach Bedarf,
Olivenöl,
Salbeiblätter,
100 g geriebener Parmesan*

1 kg mehlige Kartoffeln werden im Salzwasser weichgekocht, abgeschält und noch heiß durch die Kartoffelpresse gedrückt. Den

*Abb. unten:
Gnocchi mit Zucchini-Möhrengemüse*

Kartoffelbrei leicht salzen und soviel Mehl einkneten, dass ein geschmeidiger Teig entsteht (etwa 250 g). Der Teig darf nicht mehr an den Fingern kleben.

Den Teig zu fingerdicken Schlangen verarbeiten und kleine Stückchen davon abstechen, diese werden kurz in der Hand gedreht und mit dem Daumen eingedrückt. Die Gnocchi werden in einem großen Topf ins kochende Salzwasser gelegt, dürfen aber dann nur noch 4 Minuten ziehen.

Mit einem Schaumlöffel herausnehmen, in Olivenöl mit Salbeiblättern schwenken und mit Parmesan bestreut sofort servieren.

Man kann auch die verschiedensten Nudelsoßen zu den Gnocchi reichen, dann werden die Gnocchis nicht mehr in Öl oder Butter geschwenkt.

Kartoffelnocken

*3-4 große gekochte Kartoffeln,
1 Eidotter, 1 EL Mehl,
1 EL Butter, Salz, Semmelbrösel*

3-4 große, gekochte Kartoffeln drückt man, nachdem sie heiß geschält wurden, durch eine Presse, gibt 1 Eidotter, 1 Esslöffel Mehl, 1 Esslöffel Butter und Salz dazu. Dann formt man kleine Kugeln daraus, walzt sie in Semmelbröseln und bäckt sie in Fett schwimmend goldbraun. - Diese Nocken bilden besonders zu Wild, zu dunklen, dicken Soßen, aber auch zu Gemüse eine feine Beilage.

Kartoffel-Wickelkloß

1 kg Kartoffeln, 2 Eier, Salz, Pfeffer, Muskat, gehackte Petersilie, Butter, Brösel

1 kg kalte Kartoffeln werden geschält, aufgerieben und mit 2 Eiern, Salz, Pfeffer, Muskat und etwas gehackter Petersilie vermengt. Man wellt den Teig 1 cm dick aus und gibt ei-

ne Lage in Butter gebräunte Brösel darauf. Dann wird er aufgerollt, in gefettete Alufolie gehüllt und gut verschlossen. Man kocht den Kloß etwa 25 Minuten in Salzwasser, nimmt ihn heraus und schneidet ihn in Scheiben.

> Mai Muatta macht Knödel so kloane,
> drum iß ich sie liaba alloane!
> *(So sang man vor dem Kammerfenster im böhmischen Krumau.)*

Grieß-, Mehl-, Mais- und Reisklöße

In vielen Landstrichen des »Reiches« waren Grießknödel einst so begehrt, dass man sie zu Festtagsknödeln erhob. Auch hier gab es natürlich viele Rezeptvarianten um ein Thema: Der Grießknödelteig wird mit rohen und gekochten Kartoffeln gemischt, er wird nicht nur mit Salz, sondern auch mit Muskat vermengt, Semmeln und Speck werden hinzugegeben, da und dort füllt man sie, bäckt sie, verleiht ihnen einen süßen Beigeschmack, hilft mit Backpulver nach, so dass sie besonders locker werden. Grießknödel gibt es also in Varianten von der Suppeneinlage bis zum Nachtisch.

Gebackene Grießklöße

250 g Grieß, 1/2 l Milch, 80 g Butter, Salz, 4 Eier, Muskat, 2-3 Scheiben Zwieback, Butter zum Herausbacken

Der Grieß wird in die stark kochende Milch eingerührt, die Butter hinzugegeben und bei schwacher Hitze zu einem steifen Brei gerührt. Wenn sich der Teig vom Topf zu lösen beginnt, rührt man ihn am Tisch weiter, lässt ihn leicht erkalten, mischt die Eier darunter und gibt Muskat hinzu. Die Klöße sollen so groß geformt werden wie eine Kinderfaust, so steht es in einem alten böhmischen Kochbuch zu lesen. In dem gestoßenen Zwieback gewälzt, werden sie dann in heißem Fett gar gebraten. Wenn man sie als Nachspeise, z.B. zu Obst, serviert, werden sie mit Zucker und Zimt bestreut.

Festtagsknödel aus dem Bayerischen Wald

1 l Milch, Salz, Muskat, 50 g Butter, 200 g Grieß, 3 EL Butter oder Schweineschmalz, 250 g altbackenes Weißbrot, 2 Eier, 1/8 l saurer Rahm

Zuerst wird die leicht gesalzene Milch mit Muskat gewürzt und mit der Butter aufgekocht. Dann wird der Grieß unter ständigem Umrühren zugegeben. Wenn nach ca. 5 Minuten der Grieß aufgequollen ist, wird das in kleine Würfel geschnittene, in Butter oder Schmalz angeröstete Weißbrot hinzugemengt. Unter diesen Teig werden die Eier und der saure Rahm gerührt und alles kräftig durchgemischt. Der Teig muss nun gut 1/2 Stunde quellen. Dann erst werden die Knödel geformt, die in kochendem Salzwasser in gut 15 Minuten garziehen. Zum Servieren kann man sie mit heißer Butterschmelze übergießen.

Bayerische Grießknödel

1/2 l Milch, Salz, 200 g Grieß, 3 Eier, 50 g Butter, 2 alte Semmeln, Zwiebelringe

Die etwas gesalzene Milch wird zum Kochen gebracht und mit dem eingestreuten Grieß solange verrührt, bis sich ein steifer Brei bildet. Diese Masse muss etwas abkühlen, dann werden die Eier eingerührt und die leicht in Butter gerösteten Semmelwürfel damit vermengt. Daraus formt man kleine Knödel, die

man in kochendem Salzwasser ungefähr 20 Minuten garziehen lässt. Beim Servieren werden sie mit gerösteten Zwiebelringen bestreut.

Grießknödel mit Petersilie

*125 g Butter, 3 Eier, 2 EL Petersilie,
Muskat, Salz, 1 TL Backpulver,
250 g Grieß, Butter zum Begießen*

Die Butter (ein bisschen mehr kann nicht schaden) wird schaumig geschlagen. Dann rührt man die Eier, die gehackte Petersilie und die Gewürze ein, schlägt die ganze Masse nochmals gut durch und vermischt sie mit Backpulver, bevor der Grieß eingerührt wird. Nach einem viertelstündigen Ziehen und Quellen werden nicht allzu große Knödel geformt, die, in kochendes Salzwasser eingelegt, in gut 10-15 Minuten garziehen. Vor dem Servieren übergießt man die Knödel mit gebräunter Butter.

Böhmische Kartoffelknödel mit Grieß

*6 große, gekochte Kartoffeln,
500 g Grieß, 1 alte Semmel,
1 EL Butter, 2 Eier, Salz*

Die gekochten Kartoffeln werden mit dem Kartoffelstampfer fein zerdrückt und mit dem Grieß vermengt. Dann wird die in kleine Würfel geschnittene Semmel in Butter leicht geröstet, die Eier daruntergerührt, gesalzen, gemeinsam mit der gestampften Kartoffelmasse durchgeknetet und zu Knödeln geformt. Diese werden in kochendes Salzwasser eingelegt, wo sie in ca. 20 Minuten garziehen. Vor dem Servieren werden sie mit heißer Butter-Semmelbrösel-Schmelze schön gleichmäßig übergossen.

*Abb. Seite 66:
Bayerische Grießknödel*

Egerländer Grießglitscha

*1,5 kg rohe Kartoffeln, 5 gekochte Kartoffeln,
80 g Grieß, 1/8 l Milch,
2 altbackene Semmeln, Salz*

Die rohen Kartoffeln werden gerieben und dann genauso wie bei Reibeknödel in einem Tuch ausgepresst. Auch die gekochten Kartoffeln werden gerieben und gemeinsam mit den ausgepressten rohen Kartoffeln, Grieß, Milch und den Semmelwürfeln vermengt. Mit Salz wird das Ganze abgeschmeckt. In kochendem Salzwasser müssen die Egerländer Grießglitscha rund 1/2 Stunde garziehen.

Grießknödel auf die süße Art

*300 g Grieß, 1 l Milch, 50 g Butter,
3 Eier, Zucker,
abgeriebene Zitronenschale, Salz*

Der Grieß wird in die kochende Milch eingerührt. Der Brei soll so lange quellen, bis sich eine teigige Masse bildet. Das Ganze nimmt man dann vom Herd, rührt die Butter, die Eier, den Zucker (je nach Geschmack) und die Zitronenschale darunter, salzt ein wenig und lässt den Teig erkalten. Die nicht zu groß geformten Knödel werden in leicht kochendes Salzwasser eingelegt, wo sie in etwa 10 Minuten garziehen. Vor dem Servieren streut man in Butter geröstete Semmelbrösel darüber und reicht dazu nach Belieben Kompott oder auch warme Vanillesoße. Es ist ja hinreichend bekannt, dass gute Köchinnen nie verlegen sind, wenn es gilt, eine schmackhafte Speise auf den Tisch zu bringen.

Vor allem im vorigen Jahrhundert machte die Not oft eine Tugend und erfand so manch gutes Rezept.

Und diese Not-Rezepte erwiesen sich zumeist sogar als ganz akzeptable kulinarische Köstlichkeiten. Ein Beispiel aus Österreich und Südtirol fand ich in einem Kochbuch um die Jahrhundertwende (Seite 71).

Gnocchi aus Grieß

*1/2 l Milch, 1/4 l Wasser, 100 g Butter,
Salz, Grieß (nach Bedarf),
Muskat, 1 Ei, 100 g Parmesan*

1/2 l Milch wird mit 1/4 l Wasser vermischt und mit 40 g Butter und 1/2 Teelöffel Salz zum Kochen gebracht. Grieß unter Rühren einrieseln lassen und solange köcheln, bis er gut eindickt. Mit Muskat würzen, den Teig etwas abkühlen lassen, danach 1 Ei unterziehen. Die Masse auf ein nasses Brett streichen und nach vollständigem Erkalten mit einem Glas kleine Kreise ausstechen. Diese werden abwechselnd mit 100 g geriebenem Parmesan in eine feuerfeste Auflaufform geschichtet, mit Butterflöckchen bestreut und im vorgeheizten Ofen solange überbacken, bis sie eine goldbraune Kruste bekommen.

Grießnocken

*1 l Milch, 6 Eier
8 EL Grieß, Zimtzucker,
100 g Zucker, Semmelbröseln,
1 Eigroß Butter,
Butterschmalz*

Aus Milch, Grieß, Butter und Zucker ein dickes Grießmus kochen, abkühlen lassen. 6 Eidotter nach und nach einrühren, dann Eischnee unterziehen. Mit einem Eßlöffel Nudeln von der Masse abstechen, mit einem Gemisch aus Zimt, Zucker und Semmelbröseln bestreuen und in eine mit heißem Butterschmalz gefettete Reine setzen. Im heißen Rohr bei Mittelhitze backen.

Grießnocken mit Milch

*1 l Milch, 125 g Zucker,
Zimtrinde, 225 g Grieß, 75 g Butter,
3 Eier, Salz*

In 1 Liter Milch läßt man 125 g Zucker und ein Stückchen Zimtrinde aufkochen und nimmt sie dann wieder heraus. Dann kocht man 225 g Grieß ein und läßt ihn zu einem steifen Brei ausquellen. Nach dem Erkalten rührt man 75 g Butter mit 3 Eiern und etwas Salz glatt und gibt den Grieß dazu. In einer großen Pfanne kocht man nun etwa 2 cm hoch Milch mit 2 Eßlöffeln Zucker und 1 Eßlöffel Butter und läßt darin die mit einem Eßlöffel ausgestochenen, gleichmäßigen Grießnocken schmoren, bis die ganze Milch eingezogen ist und die Nocken unten eine schöne, braune Kruste bekommen haben. Sie werden herausgestochen, mit der braunen Kruste nach oben gelegt und mit beliebigem Obstsaft oder Kompott aufgetragen.

Zimtnocken

*500 g Mehl, 1 Prise Salz, 40 g Hefe,
ca. 1/4 l Milch, 2 Eigelb, 50 g weiche Butter,
70 g Zucker, Rosinen nach Belieben,
Butterschmalz zum Backen, 4-6 Eier,
Zimtzucker*

Aus Mehl, Salz, Hefe, lauwarmer Milch, Eigelb, Butter, Zucker und Rosinen einen Hefeteig bereiten. Gehen lassen, auf einem bemehlten Brett zu einer Rolle formen und ca. 2 cm breite Stücke abschneiden.

In der hohlen Hand abdrehen, auf einem bemehlten Brett mit einem Tuch abgedeckt an einem warmen Ort ruhen lassen. Butterschmalz erhitzen. Die gegangenen Nocken mit einem scharfen Messer halbieren und im heißen Fett ausbacken.

Auf einem Küchengitter abtropfen lassen. Eier verquirlen, die gebackenen Nocken kurz darin wenden, nochmals kurz in Fett backen. Auf Küchenpapier abtropfen lassen und noch warm in Zimtzucker wenden.

Grießknödel

*250 g Grieß, 5 Semmeln,
500 g gekochte, durchgedrückte Kartoffeln,
150 g Butter, 4 Eier, 1/8 l saure Sahne,
Salz, Muskatnuss*

Butter und Fett schaumig rühren, salzen und nach und nach die Eier und den Grieß dazugeben. Die Semmeln werden würfelig geschnitten, etwas angeröstet, mit dem Rahm und den Kartoffeln vermischt, dann wird alles gut vermischt. Falls der Teig zu weich ist, gibt man etwas Grieß dazu, ist er zu fest, wird mit Rahm verdünnt. Die Knödel werden im Salzwasser 8-10 Minuten gekocht.

Grießknödel auf andere Art

(gelingen garantiert immer)

*1/4 l Milch, 40 g Butter, 120 g Grieß,
1 Semmel gewürfelt, 2 Eier, Salz, Muskat*

Milch und Butter aufkochen und wieder abkühlen lassen, dann den Grieß einrühren, angeröstete Semmelwürfel zufügen, mit zwei Eiern vermischen und mit Salz und Muskat abschmecken. Die ganz Masse ca. 30 Minuten ziehen lassen, danach Knödel formen und mit feuchten Händen ins kochende Wasser einlegen.

Maisklößchen

*1/2 l Wasser oder Milch,
1 EL Zucker, Salz,
150 g Maismehl*

In 1/2 Liter kochendes Wasser oder Milch werden ein guter Esslöffel Zucker, etwas Salz und 150 g frisches Maismehl eingerührt und 20 Minuten ausgequollen. Aus dieser Masse werden Klößchen abgestochen und in kochendes Wasser gegeben, das nur einmal aufkochen darf. Dann läßt man sie an heißer Stelle ziehen, bis sie fertig sind. Die Klößchen schmecken gut zu Soßen oder Gemüse.

Reisnocken, überbackene

*100 g geschabte Rindsleber, 1 gehackte Zwiebel,
Fett, 1 Kaffeelöffel Mehl, 125 g Reis,
Salz, Muskat, frische Kräuter, Fett*

100 g Rindsleber werden geschabt und mit etwas gehackter Zwiebel und wenig Fett kurz durchgeschmort. Dann stäubt man 1 Kaffeelöffel Mehl daran und gibt 125 g in Salzwasser körnig weich gekochten Reis dazu. Die Masse wird mit Salz, etwas Muskat sowie mit frischen Kräutern gewürzt und gut vermengt. Man formt kleine Nocken daraus und brät sie in der Pfanne auf beiden Seiten goldbraun.

Bauernklöße nach Schweizer Art

*1 l Milch, 100 g Speck,
Salz, Fett, Mehl nach Bedarf*

100 g Speck schneidet man in kleine Würfel und röstet sie goldgelb; darüber gießt man 1 Liter frische Milch und bringt sie zum Kochen. Nun rührt man soviel Mehl ein, dass ein dicker Brei entsteht, der mit einer Prise Salz gewürzt wird. Man macht in einer Pfanne genügend Fett heiß, taucht einen Löffel hinein und sticht damit von dem inzwischen erkälteten Mehlbrei Klöße ab, die auf beiden Seiten goldbraun gebacken werden.

Grießnocken, pikante

*1 l gewässerte Milch, 300 g Grieß,
geriebene Zwiebel, Salz,
reichlich gehackte Kräuter,
1-2 Eier, Butter*

In 1 Liter gewässerte Milch kocht man knapp 300 g Grieß ein und gibt etwas geriebene Zwiebel, Salz, reichlich gehackte frische Kräuter und 1-2 Eier dazu. Die kalte Masse wird mit einem Löffel zu großen Nocken ausgestochen, die in Salzwasser kurz gekocht werden, bis sie schwimmen. Dann tropft man sie ab und gibt sie mit etwas brauner Butter übergossen als Gemüsebeilage.

Knödel-Wettessen

In Süddeutschland, Österreich und in der Schweiz sagt man es gerade heraus, wenn man so recht seine Freude an einem guten Essen hat und in Ruhe beim Knödelessen sein kann: »Pfui Teufel, is des guat«, so schwärmen die Leute in Stadt und Land und schnalzen mit der Zunge dazu, wenn ihre Lieblingsspeise und ihr Lieblingsschmankerl aufgetragen wird, Schweinebraten mit echten, handgeriebenen Reibeknödeln und dazu Krautsalat. Auch heute noch wird der Appetit daran gemessen, wie viele Knödel einer »verdrücken« kann. Und wenn es so sechs oder sieben an der Zahl sind, dann kann man sich durchaus im Kreise von »gestandenen Mannsbildern« sehen lassen. Um in diese elitäre Gruppe der Gourmands zu gelangen, setzen auch die Kurgäste in den Nieder- und oberbayerischen, österreichischen und Tiroler wie schweizerischen Kurorten all ihre appetitstrotzende Ehre daran, es den Einheimischen nachzumachen. Freilich, zumeist kommen sie über die heilige Zahl drei nicht hinaus. In den Wirtshäusern muss man sich keinesfalls genieren, einen oder gleich zwei oder drei Knödel nachzubestellen. Das ehrt die Köchin! Freilich, geschenkt geht das heute nicht mehr, weil eben die Wirtsleut' nicht allein von der Ehre leben können. Im niederbayerischen Luftkurort Grafenau ist sogar einem Wirt wegen seiner überaus anerkannten und viel gelobten Knödelspezialitäten ein Doppelname zuteil geworden, nämlich die Abwandlung von Albert Weber in Knödel-Weber. Und in solchen Landstrichen dürfen natürlich Knödel-Wettessen nicht fehlen, weder hüben noch drüben der bayerisch-böhmischen wie österreichisch-schweizerischen Landesgrenzen. Knödel-Wettessen erfreuen sich in ganz Bayern schon seit jeher größter Beliebtheit. Einer der größten Wettbewerbe dieser Art ging 1825 in München über die Bühne, wobei insgesamt 2800 Leberknödel verzehrt worden sind.

Der Sieger konnte sich damit brüsten, innerhalb einer Stunde insgesamt 38 Knödel verschlungen zu haben. Doch diese Mästerei hatte ein gerichtliches Nachspiel: Neider verklagten den Wirt wegen »groben Unfugs«; der Wirt wurde aber freigesprochen.

Keine anderen Ländermannschaften tun sich in diesem »Volkssport« auch heutzutage so hervor wie die Bayern, Österreicher und Südtiroler.

Bei einem Knödel-Wettessen im November 1969 schaffte Isidor Fritzwenger in der Salzburger »Knödelhütte« 25 Tiroler Knödel. Der 37-jährige Bayer lag mit diesem seinem Verzehr im toten Rennen mit seinem österreichischen Kontrahenten, der ebenfalls 25 Knödel schaffte. Als Sieger des Länderkampfes aber ging schließlich die bayerische Mannschaft mit 101 : 88 »nahrhaften Punkten« hervor. Im November 1974 gab es ein sogar vom Fernsehen übertragenes Knödel-Wettessen in Salzburg, bei dem ein Münchner in einer Dreiviertelstunde (!) 20,5 Tiroler Speckknödel »verdrückte«. Sicher ist es so, dass die Knödel nicht als Einzelgänger in den bayerischen Mägen verschwinden, wie es der Heimatdichter Martin Burger einmal schildert, sondern eben diese nahrhaften Kugeln mit einem Stück »anständigen« Schweinernem mit Kraut in die Magengrube hinabwandern. Zur Ehre der Köchin, ob Hausfrau oder in der Gastwirtsküche angestellt, gereicht es, wenn die Knödel nicht so klein wie ein Fünf-Mark-Taler sind, sondern die Größe einer klobigen Holzhauerfaust haben. Wer sich in solchen Landstrichen an den Tisch setzt, der muss auch der Köchin die Ehre geben, dass ja kein Flöckerl auf dem Teller zurückbleibt, auch im Wirtshaus nicht. Er muss es, um auch akzeptiert zu werden, mit dem Wahlspruch der Einheimischen halten:

Liebe an Mogn verrenkt,
als dem Wirt was g'schenkt!

Tiroler Klöße

(Originalrezept)

»1/2 Pfund Mehl giebt man in eine Schüssel, thut Salz, 2 Eier und etwas kaltes Wasser oder kalte Milch dazu und bereitet davon einen ziemlich lockeren Teig. Dann kommt 1/2 Pfund in kleine Würfel geschnittenes und in Fett geröstetes Weißbrot, unter welchen sich einige Zwiebelschnitten befinden dürfen, sowie 125-200 Gr. kleingehackter Schinken oder Rauchfleisch (abgekocht!) dazu.

Je mehr Fleisch man nimmt, um so besser werden die Klöße; auch ein Ei mehr verbessert sie. – Man rollt von der gut gemischten Masse halb handgroße Klöße und kocht sie in brausendem Salzwasser, bis sie inwendig ganz trocken sind. – Das Fleisch dazu nimmt man von solchen Stücken, die sich nicht gut auf den Tisch bringen lassen; alle reinschmeckenden Abfälle der genannten Fleischsorten sind verwendbar. Man gibt ein wenig geschmolzene Butter (und darin gelbgeschwitztes geriebenes Weißbrot) darüber und eine Schüssel Sauerkraut oder Kopfsalat dazu.

Bei bescheidenen Ansprüchen bieten sie für einen gewöhnlichen Tisch eine ebenso nahrhafte und wohlschmeckende als billige Hauptschüssel nach der Suppe; es braucht nichts mehr zu folgen.«

Mehlklöße aus Pommern

*500 g Mehl, 2 Eier, Salz,
1/2 l Milch,
5 altbackene Semmeln,
Butter*

Das Mehl und die Eier werden gesalzen und mit der Milch zu einem lockeren Teig zubereitet. Die abgeriebenen, in kleine Würfel geschnittenen Semmel werden zuvor in Butter leicht geröstet und anschließend dem Teig beigemischt. Alles gut durchgeknetet, entsteht dann der Knödelteig, den man zu kleinen Klößen formt, die in Salzwasser etwa 10 Minuten garen.

Niederbayerische Griebenknödel

*2 Scheiben Schwarzbrot,
250 g Grieben,
1 Zwiebel, 2 Eier,
250 g Mehl, Salz, Pfeffer*

Grieben bekommt man, wenn Schweinespeck ausgelassen wird und dabei knusprige Speckstückchen entstehen. Im weiß-blauen Freistaat kann man sie überall beim Metzger kaufen. Die Grieben werden abgesondert, das ausgelassene Fett extra verwendet.

Das Schwarzbrot wird in kleine Würfel geschnitten und mit den ausgelassenen Grieben, der fein gehackten Zwiebel, den Eiern und dem Mehl vermischt. Alles wird gut durchgeknetet und mit Salz und Pfeffer abgeschmeckt, bevor man kleine Knödel formt, die dann gute 20 Minuten in leicht siedendem Salzwasser gegart werden.

Niederbayerische Bauernknödel

*500 g Mehl, 5 Eier,
Schnittlauch, Salz,
1 Tasse Sauermilch,
Fett zum Ausbacken*

In das Mehl werden die Eier geschlagen, der gehackte Schnittlauch darüber gestreut und das Ganze mit Salz abgeschmeckt. In den Teig wird dann etwas Sauermilch gerührt, bis sich eine einem dünnen Spätzleteig entsprechende Konsistenz ergibt. In eine hochrandige Pfanne gibt man entsprechend Fett, das man zum Sieden bringt. Darin bäckt man dann die klein geformten Knödel heraus, was am besten im abgedeckten Zustand geschieht. Während des Backvorgangs sollen die Knödel einige Male umgedreht werden, damit sie gleichmäßig braun werden.

Leut' gibt's wia (wie) Grießknödl,
nur net so rund.
(Bairisches Sprichwort)

Reisklößchen, gebacken

*125 g Reis, 1/4 l Wasser, 1 Ei,
etwas Zitronensaft, 1 EL Butter, 2 EL Zucker,
1 Prise Salz*

Den Reis gibt man in kochendes Wasser und lässt ihn ausquellen. Er wird dann mit dem Ei, dem Zitronensaft (oder abgeriebene Zitronenschale), der Butter, Zucker und Salz vermischt. Aus dem abgekühlten Reisklößchenteig werden kleine Klößchen geformt und bei Mittelhitze auf einem Backblech in gut 10 Minuten hellbraun gebacken. Diese gebackenen Reisklößchen sind vor allem als Beilage zu Obstsuppen gedacht. Sie können aber auch in kochendem Wasser gegart werden.

Süße Reisklöße

*1 l Milch, 400 g Reis, Salz, 1 EL Butter,
4 Eier, 3 EL Zucker, 1 Eiweiß, Semmelbrösel,
Fett zum Ausbacken, Zucker, Zimt*

Milch, Reis und Salz werden gemeinsam mit der Butter zu einem dicken Brei gekocht, in den man dann die verquirlten Eier und den Zucker einmischt. Das alles erfolgt bei mittlerer Temperatur auf der Herdplatte, so dass man die nicht zu kleinen Klöße aus der heißen Reismasse formen kann. Zum Erkalten legt man sie auf ein nasses Brett. Wenn sich die Konsistenz gefestigt hat, werden die Reisklöße in dem verquirlten Eiweiß und den Semmelbröseln gewälzt und in schwimmendem Fett braun ausgebacken. Vor dem Servieren bestreut man sie mit Zucker und Zimt.

Süße Mandel-Reisklößchen

*150 g Reis, 3/4 l Milch, 50 g Butter,
50 g Zucker, 50 g geriebene Mandeln,
Salz, Zimt, 2 Eier, Semmelbrösel nach Bedarf,
Butter zum Ausbacken*

Der Reis wird in der Milch gemeinsam mit Butter, Zucker, Mandeln, Salz und Zimt zu einem Brei gekocht. Wenn der Brei erkaltet ist, werden die Eier und so viel Semmel- oder auch Zwiebackbrösel daruntergerührt, dass man aus diesem Teig schöne, kleine Klößchen formen kann. In ungefähr 3-5 Minuten werden diese in heißer Butter goldbraun herausgebacken.

Knödel-Erinnerungen an die alte Heimat Schlesien

Knödelrezepte machten nie vor Grenzen Halt. Und erinnern sich Menschen, die ihr Leben fernab von den Stätten ihrer Kindheit und Jugend verbringen, an ihre alte Heimat, dann wird stets auch der lockende Duft aus den Küchen ihres Stammlandes ihre Erinnerung bereichern. Nicht anders ist es bei den Schlesiern, die beim Wort Heimat auch an ihre Klöße und Klößel denken. Nach ihrer eigenen Aussage gehört zum »Schlesischen Himmelreich« der Dreiklang aus Fleisch, Klößen und Backobst. Es gab keinen Schweinebraten, neben dem Knödel nicht einträchtig rund und locker beim Sauerkraut lagen.
Klößerezepte standen auch bei dem im Jahre 1812 von Johannae Augustae Schaar in Freystadt, Niederschlesien, herausgegebenen Kochbuch an erster Stelle und hier wieder allen voran die »Schlesischen Erdtoffelklößchen«.

*

In Breslaus Altstadt ist dem schlesischen Kloß oder Klößel ein Denkmal besonderer Art gesetzt, von dem man eigentlich nicht weiß, was den Erbauer bzw. den Architekten dazu bewogen hat. Eines der Tore, die zum Breslauer Dom führen, ist von einer steinernen Kugel gekrönt und trägt bis zum heutigen Tage den Namen Klößeltor.

Hefeklöße

Schlesische Hefeklöße

*30 g Hefe, 1/4 l Milch, 500 g Mehl,
2 Eier, 1-2 EL Butter, Salz, Zucker*

Gemeinsam mit der Hefe und der Milch wird das Mehl zu einem kräftigen Teig vermischt und verknetet, den man gut 1/2 Stunde gehen lässt, bevor man die Eier und die zerlassene Butter hinzugibt und den Teig mit Salz und Zucker abschmeckt. Daraus werden nicht allzu große Klöße geformt, die dann auf einem mit Mehl bestreuten Nudelbrett nochmals gehen sollen.

Ein großer Topf mit siedendem Wasser wird mit einem Tuch locker überspannt. Darauf werden die Klöße gelegt, wobei darauf zu achten ist, dass man sie ziemlich weit auseinander legt, weil sie noch stark aufquellen. Mit einem hohen Deckel oder einer Schüssel zugedeckt, garen die Klöße im Wasserdampf in 10-15 Minuten.

Die »Nagelprobe«, ob der Kloß auch fertig ist, macht man so: einen Knödel leicht mit dem Finger andrücken; nimmt die Oberfläche unmittelbar darauf wieder die ursprüngliche Form an, ist der Kloß »durch«. Vor dem Servieren reißt man ihn mit der Gabel auseinander, gießt heiße Butter hinein und bestreut ihn mit Zucker und Zimt. Pflaumenmus ist eine beliebte Beilage zu Hefeklößen.

> Fünf Klöße und eine Gans,
> fünf Kilo im Gewicht,
> das ist dem Thüringer ein
> Leibgericht.
> *(Thüringer Küchenweisheit)*

Gefüllte Hefeklöße

Hefeklöße können gut als Zwetschgenknödel oder mit einer Nuss- oder Mohnfüllung zubereitet werden. Auch mit Korinthen gefüllt schmecken sie vorzüglich.

Böhmische Knödel mit Hefe

*10 g Hefe, 1/8 l Milch, 300 g Mehl,
1 Ei, 3 Semmeln, 50 g Butter,
1 Zwiebel, 1 EL Petersilie, 1 TL Salz*

Die Hefe wird zerbröselt, mit lauwarmer Milch übergossen und aufgelöst, Mehl und Ei zugefügt und alles kräftig durchgerührt. Am besten hilft man sich dabei natürlich mit einem elektrischen Handrührgerät. Anschließend muss der Teig rund 1/2 Stunde zugedeckt an einem warmen Platz gehen. Hernach werden die inzwischen in zentimetergroße Würfel geschnittenen, in heißer Butter gerösteten Semmeln beigegeben. Darauf wird alles mit den fein gehackten oder sogar geriebenen Zwiebeln und der gehackten Petersilie gut durchgeknetet und gesalzen. Auf einem mit Mehl bestreuten Nudelbrett wird der Teig ausgerollt und zu einer Knödelrolle von 6-8 cm Durchmesser aufgerollt. Die Rolle soll allerdings nicht zu groß sein, weil sie ja noch in einen Topf passen muss, der mit siedendem Salzwasser gefüllt ist. Die hineingelegte Rolle muss ca. 1/2 Stunde garziehen und währenddessen ab und zu gedreht werden. Mit einem möglichst großen Schaumlöffel nimmt man den Böhmischen Knödel heraus und lässt ihn gut abtropfen. Nach kurzem Zuwarten wird die Knödelrolle mit einem dünnen Faden in ca.

Ein Prüfstein bei der Brautwerbung: Knödel und Klöße machen

Wer gut Knödel machen kann, hat auch ein gutes Herz.
Oder:
Wer schöne Klöße formt, kann auch gut tanzen.

Hausfrauenweisheiten gab man den heiratsfähigen Männern mit auf den Weg, wenn es galt, eine Braut zu suchen. Doch nicht nur in Bayern und Böhmen wurde die Perfektion des Knödelmachens als Tugend der Braut hoch bewertet, sondern auch im Schlesischen. So wie es eine Strophe des schlesischen Knödelliedes besingt, legte man darauf größten Wert, denn Knödel waren ja allemal ein Volksnahrungsmittel:

Schien ies monches junge Madel,
wenn ma se beim Tanze sitt,
aber schloo derrsch aus'm Schadel,
wenn se keene Kließla britt.
Schoade ferr die sichta Gänse,
mächta se Milljone joan,
denn woas ies a Froovulk,
wenn se keene Kließla macha koan!

Es durfte also nicht so kommen, wie man landläufig von einer schlechten Knödelköchin erzählt, dass der Ehemann den ersten Knödel seiner Angetrauten später als Briefbeschwerer gebrauchen konnte. Sicher hat jene Köchin nicht nur die Zutaten etwas allzu »haltbar« ausgewählt, sondern auch den Ratschlag über die Garzeit nicht beachtet, dass die Knödel und Klöße nicht länger gekocht werden sollen, als man zum Beten des katholischen Glaubensbekenntnisses braucht.
Dieses Thema und dieser Ratschlag blieben bis in unsere Zeit ewig jung. Eine niederbayerische Zeitung beschwor es im Jahre 1964 mit einem Kommentar erneut, dass jenen Frauen, die Knödel machen können, die Zukunft gehört. Hier dieses »Originalrezept« für eine überaus hohe und vielgefragte Berufsqualifikation:

Den Knödeln gehört die Zukunft

Haben Sie etwa studiert? Dann war dies eine Fehlinvestition. Haben Sie etwa die Absicht, Ihre Kinder studieren zu lassen? Dann sind Sie nicht up to date. Sie täten besser daran, Ihre Sprößlinge ab dem dritten Lebensjahr täglich eine Stunde am Sandkasten zu unterweisen: im Drehen von Sand-Teig-Bällchen. Das hat seinen guten Grund. Die Zukunft gehört nämlich nicht den Elektronik-Ingenieuren, nicht den Industrie-Kapitänen und nicht den Public-Relations-Managern. Wer etwas werden, gut verdienen, bestens untergebracht und vom Chef getätschelt und gehätschelt werden will, darf nicht in geistige Regionen schweifen, er muß auf dem festen Boden bajuwarischer Tatsachen bleiben; bei den Knödeln.
Ob es Kartoffel- oder Leberknödel sind, wer sie kunstgerecht zu drehen vermag, ist König. Oder meinen Sie etwa nicht, daß 500 DM netto und ein schönes Zimmer für eine jüngere Knödel-Köchin (die auch erst angelernt werden kann) ein königliches Salär sind? Der Rechtsreferendar, der Medizinal-Assistent und viele andere Jung-Akademiker, die eine ganze Reihe von Semestern an den Brüsten der Alma mater Wissen in sich gesaugt haben, wären jedenfalls heilfroh, wenn sie nur mit einer annähernden Dotierung ins Berufsleben treten könnten. Nun glauben Sie vielleicht, es wäre ein Witz? O nein. Jene Knödel-Köchin wird in der bayerischen Metropole zu diesen Bedingungen wirklich gesucht. Per Zeitungs-Inserat. Heute 500 DM und ein Zimmer. Was morgen? Was übermorgen? Die Aussichten sind gar nicht abzusehen. Laßt also Cicero ruhen, werft die Logarithmen-Tafeln in die Ecke, lächelt über jene, die sich mit fremden Sprachen abquälen. Dreht Knödel und ihr lebt besser.«

2 cm dicke Scheiben geschnitten. Garniert werden die Böhmischen Knödel mit ein bisschen übergestreutem Schnittlauch.

Pfälzer Schwemmknödel

(Originalrezept)

»Man mache aus 500 g Mehl einen schönen Hefeteig und läßt ihn an einem warmen Platz aufgehen. Dann rührt man 100 g Butter mit 3 Eiern gut ab, röstet 2-3 in Würfel geschnittene Semmeln, nimmt etwas Zitronenschale, eine Handvoll Rosinen, etwas Salz und einen Eßlöffel Zucker und vermengt dies alles, dann bearbeitet man den Teig, bis er Blasen schlägt, formt Knödel, läßt sie nochmals aufgehen und kocht sie dann in siedendem Wasser. Sie werden mit brauner Butter und Semmelbrösel übergossen.«

Hefe-Serviettenklöße »Jan im Sack«

*3 Eier, 1/4 l Milch, 50 g Butter,
500 g Mehl, 50 g Hefe, Salz,
200 g Rosinen, 1 EL Zitronat*

In eine Schüssel schlägt man die Eier, verrührt sie gut, gibt die Milch hinzu (etwas abnehmen zum Anrühren der Hefe) und geschmolzene Butter. Das Mehl gibt man in eine eigene Schüssel, inmitten die Hefe, die man zuvor mit lauwarmer Milch anrührt, und die Eiermilch sowie etwas Salz. Der Mehlteig wird dann blasig geschlagen und soll an einem warmen Ort 1/2-1 Stunde aufgehen. Jetzt werden die zuvor gewaschenen, mit Küchenpapier abgetrockneten Rosinen gemeinsam mit dem fein gehackten Zitronat eingeknetet. Der Teig muss gut 1 Stunde gehen und wird anschließend in ein zuvor befeuchtetes, ausgewrungenes, mit Mehl bestäubtes Tuch gegeben, wobei aber so viel Platz bleiben muss, dass der Knödel gut aufgehen kann. Der Kochtopf, in dem dieser Hefekloß garziehen soll, soll möglichst groß sein. Damit der Serviettenknödel nicht zu Boden sinken kann, wird auf den Boden des Topfes ein umgestülptes Schüsselchen gegeben und das Säckchen an einen Kochlöffel über den Topfrand gebunden. Gut 1 1/2 Stunden dauert der Garprozess im ständig leicht siedenden Wasser. Mit einer Stricknadel, die man durch den Serviettenkloß steckt, wird die Garprobe gemacht: beim Herausziehen der Stricknadel darf daran kein Teig kleben. Auch diesen Hefe-Serviettenkloß kann man mit einem festen Zwirnfaden durchschneiden. Zu servieren ist der »Jan im Sack« mit brauner Butter oder auch mit Früchtesoße. In Holland richtet man ihn mit Sirup an.

Germknödel

(Germ = Hefe)

*15 g Hefe, 500 g Mehl, 2 Eier,
2 EL Zucker, 70 g Butter, 1/8 l Milch,
Salz*

Vorbereitend wird aus der zerbröckelten Hefe, etwas Mehl und etwas lauwarmem Wasser ein Gärteig bereitet, was im Süddeutschen und im Österreichischen auch »Dampfl« genannt wird. Dieser Gärteig wird dann mit dem restlichen Mehl, den Eiern, dem Zucker, der geschmolzenen Butter und der lauwarmen Milch zu einem Teig verknetet, der so lange geschlagen wird, bis er sich leicht vom Kochlöffel lösen lässt. Gut 1 Stunde muss der Teig nun zugedeckt an einem warmen Ort aufgehen. Anschließend schlägt man den Teig nochmals durch, formt Knödel in der Größe eines kleinen Apfels daraus und legt diese auf ein bemehltes Brett, wo sie dann erneut gehen können. Im Anschluss daran werden sie in siedendem Salzwasser gekocht, wobei darauf zu achten ist, dass der Topf möglichst groß ist, damit sich die Knödel nicht gegenseitig berühren und zusammenkleben. Aufgrund ihrer Größe brauchen sie eine viel längere Garzeit als normale Knödel, zudem schwimmen sie stets an der Oberfläche.

Um den Grad des Garseins zu erproben, bedient man sich eines Strohhalms oder eines spitzen Hölzchens, womit man die Knödel ansticht. Klebt beim Herausziehen noch Teig daran, ist die Garzeit noch nicht beendet.

Man soll diese Probe des Öfteren wiederholen, denn die Knödel dürfen nicht verkochen, weil sie dann hart werden. Möglich ist es auch, die Germknödel im Dunst zu garen. Dafür spannt man über einen Topf mit siedendem Wasser ein Leinentuch und legt die Knödel darauf.

Serviert werden Germknödel auf ganz verschiedene Art. Man kann heiße Butter darübergießen, sie mit Mohn oder geriebenen Nüssen bestreuen. Füllen kann man sie mit Zwetschgen- oder auch Marillenkonfitüre wie auch mit Kirschen.

Abb. Seite 76:
Schwarzbrotknödel

Österreichische Hefeklöße

(Originalrezept aus der Zeit um die Jahrhundertwende)

»In ein Töpfchen schlägt man 1-2 Eier und gibt, wenn sie gut verrührt sind, 1/4 Liter lauwarme Milch und 40 bis 50 Gr. geschmolzene Butter dazu. - 3/4 Pfund Mehl leert man in eine Schüssel, macht ein Grübchen in die Mitte und giebt in dieses 15 Gr. angesetzte und aufgegangene Preßhefe, dann die Eiermilch, etwas Salz und je nach dem Gebrauch wie nach Geschmack ein wenig Zucker. Der Teig wird nun blasig geschlagen und dann an einen warmen Ort gesetzt, wo er ungefähr 3/4 Stunde zum Aufgehen braucht. Wenn derselbe gegangen ist, arbeitet man ihn nochmals mit dem Kochlöffel ganz leicht durch und sticht dann Stücke von beliebiger Größe davon, die in Salzwasser gekocht werden, bis sie inwendig trocken sind. - Da die Klöße leicht zusammensinken, muß man sie sofort anrichten. Man giebt ein wenig braune Butter darüber und reicht Fleisch mit Beiguß oder Obst dazu.«

»Er frißt sich knöteldick ...«

Das barocke Leben der Bayern ist seit altersher ohne eine dampfende Schüssel Knödel undenkbar. Ja, dieses Klischeebild ist ebenbürtig mit den schuhplattelnden Bayern, auf deren kantigem Schädel ein Trachtenhut mit Gamsbart sitzt, gleich auch dem Bayern, der als Kraftsport das Fingerhakeln und Steinheben bevorzugt, für den die knusprige Schweinshaxe die Lieblingsspeise schlechthin ist und der sich dem Wettessen von Knödeln ergibt.
Der Chronist Karl Julius Weber schrieb im Jahre 1826 über die Essgewohnheiten der Bayern: »Cartoffel gibt er lieber seinen Schweinen, und zieht Knötel, Dampfnudel, Wespennester, Bauchstecherl und fette Mehlspeis vor - er frißt sich knöteldick, und trinkt viel Bier dazu - und nun frage man noch, warum er faul und phlegmatisch sey?«
Auch in den peripheren Gebieten, so z.B. im Bayerischen Wald, zählte der Knödel zum Volksnahrungsmittel Nummer eins, was auch aus dem Physikatsbericht der Landgerichte Regen und Viechtach aus dem Jahre 1858 ersichtlich ist. Der zuständige Physikus schreibt in seinem Bericht an den König: »Die Nahrung ist vorherrschend vom Pflanzenbereich. Auf dem Lande wird jährlich nur dreimal Fleisch gegessen; um Ostern, Weihnachten und zur Kirchweih; am liebsten Schweinefleisch, in großen Massen, so daß mancher zwei bis drei Pfund zu sich nimmt, nebst drei bis sechs Knödeln mit vielen Kücheln und zwar ohne Beschwerden.«

Fleischklöße

Kufta
(Arabische Hammelfleisch Klößchen)

*750 g Hammel- oder Lammfleisch,
2 Zwiebeln
1-2 Knoblauchzehen, Salz,
Pfeffer, Majoran, Minze,
Zitronensaft und -schale,
2 Eidotter*

Etwa 3/4 kg Hammelfleisch treibt man mit 2 Zwiebeln und 1-2 Knoblauchzehen zweimal durch die Maschine und vermengt die Masse mit Salz, Pfeffer, Majoran, Minze etwas geriebener Zitronenschale, Zitronensaft und 2 Eidottern. Daraus formt man kleine Bällchen, die in heißem Fett gebacken werden. Man verzehrt sie mit frischem Brot.

Fleischknödel in Kapernsoße

*500 g gemischtes Hackfleisch, 1 Ei,
Salz, Petersilie,
1 Zwiebel,
Pfeffer, Majoran, Semmelbrösel*

500 g gemischtes rohes Hackfleisch, 1 Ei, Salz, etwas gehackte Petersilie und geriebene Zwiebel, Pfeffer, Majoran und so viel Semmelbrösel, dass der Teig gut knetbar ist, werden miteinander vermengt. Man formt kleine Knödel daraus, die in Salzwasser 20 Minuten gekocht werden. Dann bereitet man eine Kapernsoße und lässt die Knödel noch kurz darin ziehen. Sie werden mit Petersilie bestreut aufgetragen. Siehe auch »Königsberger Klopse«.

Fleischklößchen, englische

*125 g Fett, 500 g gehacktes rohes Rindfleisch,
2-3 Eier, 500 g gekochte Kartoffeln, Salz,
Muskat, Piment*

125 g Fett werden mit 2-3 Eiern schaumig gerührt. Man gibt 500 g gehacktes, rohes Rindfleisch, ebensoviel gekochte und zerdrückte Kartoffeln, Salz, etwas Muskat und ganz wenig Piment hinzu. Wenn die Masse zu streng ist, gießt man ein wenig fette Fleischbrühe daran, formt kleine Klößchen daraus und kocht sie etwa 20 Minuten in Salzwasser gar.

Fleischknödel, feine

*250 g rohes Kalbfleisch,
Räucherspeck, 1 gehackte Zwiebel,
Zitronenschale, 2 Semmeln,
2 Eier, 50 g Butter,
Salz, Pfeffer, Muskatnuss*

250 g rohes Kalbfleisch und ein Stückchen Räucherspeck schneidet man klein und schmort es mit einer fein gehackten Zwiebel, etwas geriebener Zitronenschale und gehackten Kräutern in Fett, bis das Fleisch gar ist. An die Masse gibt man 2 in Milch geweichte und gut ausgedrückte Semmeln, 2 Eier, 50 g weiche Butter etwas Salz, Pfeffer und Muskatnuss. Man formt kleine Knödel daraus, die in Fleischbrühe 15 Minuten gargekocht werden. Man kann die Klößchen auch mit brauner Butter übergießen und sie mit Salat servieren.

Beureks

Beliebige Fleischreste, am besten Lammfleisch, hackt man klein, würzt sie sehr gut, bindet sie mit Ei und Bröseln und formt kleine Rollen daraus. Sie werden in kurz nassgemachte Oblaten gewickelt; diese wendet man in Mehl, Ei und Bröseln und bäckt dann die kleinen Würstchen in heißem Fett goldbraun.

Fleischknödelchen in Parmesan-Käse

*250 g Kalbfleischreste,
1 Semmel,
1 Zwiebel,
Zitronenschale,
Petersilie,
50 g Fett, 4 Eier,
Sahne, Salz,
Muskat, Parmesan*

250 g Kalbfleischreste werden mit einer eingeweichten Semmel, Zwiebel, Zitronenschale und Petersilie durchgedreht. Man gibt 50 g Fett, 4 Eier, ein wenig Sahne, Salz und Muskat dazu und formt kleine Knödel, die gekocht, mit Parmesan bestreut und mit brauner Butter übergossen werden.

Hirnknödelchen

*1 Hirn,
1 Ei, Salz,
Petersilie,
Zitronenschale,
Semmelbrösel*

Ein in Essig-Salzwasser gekochtes und gereinigtes Hirn wird mit 1 Ei verrührt und mit Salz, geriebener Zitronenschale und Petersilie gewürzt. Man gibt soviel Semmelbrösel dazu, dass sich die Masse formen läßt, und backt dann kleine Knödelchen in der Pfanne. Sie werden mit Tomaten und Zitronenscheiben garniert.

Käse- und Quarkklöße

Käseklöße

*100 g Schweizer Käse, 80 g Butter,
1 Ei, Salz, Pfeffer, Semmelbrösel*

Der Käse wird fein gerieben und mit der schaumig gerührten Butter verrührt. Anschließend gibt man das Ei hinzu, schmeckt alles mit Salz und Pfeffer ab und gibt so viel Semmelbrösel hinzu, bis sich daraus die Klöße formen lassen. In Fleischbrühe lässt man die Käseklößchen gut 5 Minuten garziehen.

Böhmische Topfenknödel

(Topfen = Quark)

*100 g Butter, 3 Eigelb, 1 Ei,
500 g Quark, 150 g Mehl, Salz,
Mohn, Semmelbrösel oder auch
Lebkuchen bzw. Parmesankäse*

Die Butter wird schaumig geschlagen. Anschließend rührt man die drei Eigelb und das ganze Ei ein, vermengt das Ganze mit dem passierten Quark und dem Mehl, salzt es, verrührt alles nochmals und lässt den Teig gut 1/2 Stunde ruhen. Die Knödel sollen nicht allzu groß geformt werden, bevor sie dann in Salzwasser 5-10 Minuten garziehen. Vor dem Servieren kann man ihnen eine besonders leckere Note dadurch verleihen, dass sie mit gestoßenem Mohn, angebräunten Semmelbröseln oder auch geriebenem Lebkuchen bzw. Parmesankäse bestreut werden.

Quarkklöße

*500 g Quark, 100 g Butter, 3 Eier,
1 TL Backpulver, 1 Prise Salz, Rosienen,
250-300 g Semmelbrösel*

Der Quark wird durch ein Sieb gestrichen und mit den übrigen Zutaten vermischt, zuletzt mit den Semmelbröseln, mit denen man die Festigkeit des Teiges abstimmt. Die nicht zu groß geformten Knödel werden in leicht siedendes Salzwasser eingelegt, wo sie in gut 10 Minuten garziehen. Vor dem Servieren kann man sie zusätzlich noch mit angebräunter Butter übergießen oder, wie auf dem Bild, mit Pflaumenkompott servieren.

Käsenocken

*250 g Mehl, 2 Eigelb, 125 g Frischkäse,
1 Prise Salz, Backfett*

Mehl auf ein Backbrett sieben, mit Eigelb, Salz und Frischkäse zu einem glatten Teig verkneten, mit einem Löffel Nocken abstechen, diese etwas trocknen lassen, danach in Fett schwimmend backen.

*Abb. Seite 81:
Quarkklöße mit Grieß und Pflaumenkompott*

Käse- und Quarkklöße

Bayerischer Hochzeitsknödel

*80 g Butter, Salz,
Muskat, geriebene Zitronenschale,
4 Eier, 200 g durchwachsener Speck,
200 g Emmentaler Käse,
100 g Sauerkraut, 6 alte Semmeln*

Gemeinsam mit der Butter und den Gewürzen werden die Eier schaumig gerührt. Dazu mengt man die fein geschnittenen Speckwürfel, gibt den geriebenen Käse, das klein gehackte Kraut und die leicht angebräunten Semmelwürfel.

Der Teig wird dann gut durchgeknetet, zu einem Knödel geformt und in einer nassen Serviette ca. 30 Minuten in Salzwasser gekocht.

Beim Servieren wird der Knödel mit zwei Gabeln etwas aufgerissen, mit einer Tomate garniert und mit heißer Butter begossen.

Österreichische Käseknödel

*100 g Butter, 3 Eier, 3 gekochte Kartoffeln,
3 EL Mehl, Salz,
300 g Hartkäse, z.B. Emmentaler,
1 Birne, 50 g Semmelbrösel,
Butter zum Ausbacken*

In die schaumig gerührte Butter werden die Eier und die gekochten, geriebenen Kartoffeln gegeben. Darunter werden das Mehl, Salz und der geriebene Käse gemengt und alles gut verknetet, so dass ein fester Teig entsteht.

Ausgewalzt oder mit der Hand flach gedrückt, werden kleine Teigblätter geschnitten, in deren Mitte man dann ein nussgroßes Stück Birne setzt. Um diese wird der Teig gewickelt, zu Knödelchen geformt, in Semmelbröseln mit nochmals geriebenem Käse gewälzt und schließlich in heißer Butter schwimmend goldbraun herausgebacken.

Quarkklöße mit Grieß

*100 g Butter, 350 g Quark,
150 g Grieß, 3 Eier, Salz,
50 g Rosinen,
1 EL gehackte Pistazien, Zimt-Zucker*

In die schaumig gerührte Butter werden der durchpassierte Quark, der Grieß sowie das Eigelb und die gewaschenen Rosinen gegeben, alles leicht gesalzen und gut 1/2 Stunde beiseite gestellt.

Anschließend wird das Eiweiß steif geschlagen, daruntergemischt und nochmals gut durchgerührt. Aus diesem Teig werden die Knödel geformt, die in leicht siedendem Salzwasser 10-15 Minuten garziehen. Sie werden mit Fruchsoße und Orangenspalten angerichtet.

Topfennockerl

*400 g Topfen (Quark), 80-100 g Butter,
50 g Zucker, 2 Eier, 40 g Hefe,
etwas Milch, 300 g Mehl, 50 g Rosinen, Salz*

Butter, Zucker und Eier werden schaumig gerührt. Dazu gibt man die in wenig Milch und Zucker aufgelöste Hefe, den Topfen, das Mehl, die Rosinen, Salz und wenn nötig, noch einige EL Milch. Der Teig wird kurz durchgeschlagen und dann zum Gehen warm gestellt. Man sticht mit einem Esslöffel Nudeln davon ab und setzt sie in eine gut gefettete Form nebeneinander ein. Dann bäckt man sie in der Röhre etwa 30 Minuten goldbraun und bringt sie mit der braunen Kruste nach oben und mit Zucker bestreut zu Tisch.

Spinatnocken (Malfatti)

*600 g gehackter Balttspinat,
1 gehackte Zwiebel, 100 g Butter,
150 g Ricotta, 100 g Parmesan,
2 Eier und 1 Eigelb, Salz, Pfeffer, Muskatnuss
200 g Mehl*

600 g frischen Blattspinat verlesen, waschen, in einen erhitzten Topf geben und zusammenfallen lassen. Etwas abkühlen, die Blätter auspressen und hacken. Eine Zwiebel zerkleinern, in 30 g zerlassener Butter glasig dünsten, Spinat untermischen, vom Herd nehmen und abkühlen lassen. 150 g Ricotta (ital. Frischkäse, ersatzweise gut abgetropfter Magerquark) cremig rühren, abgekühlten Spinat, 50 g geriebenen Parmesan, 2 Eier, 1 Eigelb, Salz, Pfeffer und frisch geriebene Muskatnuss gründlich untermischen. Nach und nach 200 g Mehl einarbeiten, zu einem glatten Teig rühren, nochmals abschmecken. In einem großen Topf 2 l Salzwasser aufkochen. Aus der Teigmasse mit 2 Esslöffeln Nocken abstechen. Ins kochende Wasser geben, dann die Temperatur verringern und die Nocken ziehen lassen, bis sie an der Oberfläche schwimmen. Währenddessen den Backofen auf 175° vorheizen. Nocken mit einem Schaumlöffel herausnehmen, abtropfen lassen und in eine feuerfeste Form geben. 80 g Butter zerlassen und über die Nocken träufeln, für 5 Minuten in den Backofen schieben. Danach mit 50 g geriebenem Parmesan bestreuen und sofort servieren.

Quarkknödel

*250 g Quark, 2 EL Mehl, 1 Ei,
2 EL Zucker, etwas Mandelöl,
Semmelbrösel, Zimt*

250 g Quark, 2 Esslöffel Mehl, 1 Ei, 2 Esslöffel Zucker, etwas Mandelöl und soviel Semmelbrösel, dass ein knetbarer Teig entsteht, werden gut miteinander vermengt. Man formt kleine Knödel, kocht sie in Salzwasser, bis sie schwimmen und siebt sie ab. Dann bestreut man sie mit Zimt-Zucker und gießt zuletzt braune Butter darüber.

Nockerl, Steyerische

*400 g Mehl, 1 kleine Tasse Wasser,
Salz, Fett, Quark, geriebener Käse*

An 400 g Mehl rührt man knapp 1/5 Liter (eine kleine Tasse) kochendes Wasser und verknetet den ziemlich festen, gesalzenen Teig gut. Man sticht mit einem Löffel kleine Nocken ab und kocht sie in Salzwasser gar. Sie werden abgesiebt, kalt überbraust, in etwas Fett erhitzt und mit frischem, saftigem Quark aufgetragen oder mit geriebenem Hartkäse bestreut.

Abb. Seite 82:
Quarkklöße mit Grieß in Fruchtsoße

Bayerische Käseknödel

1 Zwiebel, 1-2 EL Butter, 1 Sträußchen Petersilie, 50 g Mehl, 250 g Emmentaler Käse, 2 Eier, Salz

Die Zwiebel wird zuerst fein geschnitten, gehackt und in Butter leicht angedünstet, bevor sie zusammen mit der gehackten Petersilie und dem Mehl vermengt wird. Mit dem geriebenen Käse, den Eiern und dem Salz wird dann alles zu einem festen Teig vermengt und zu kleinen Knödeln geformt, die in kochendem Salzwasser rund 15 Minuten garziehen müssen. Vor dem Servieren die Knödel in geriebenem Emmentaler wenden.

Käseknödel

*250 g geriebener Käse,
2 Eier,
2 EL Mehl*

250 g geriebenen Käse, 2 Eier und 2 gehäufte Esslöffel Mehl verknetet man, formt eigroße Kugeln daraus und setzt sie auf ein gefettetes Blech. Dann backt man sie in der Röhre oder in Fett schwimmend goldbraun. Die Knödel ergeben eine gute Beilage zu Braten und Gemüse.

*Abb. Seite 85:
Bayerische Käseknödel*

Münchner Knödel-Lied

Der oa Knödl fangt zum Siadn o
Und der ander siadt aa,
Schaut der oa Knödl den andern o,
Weils der so schö ko.
Tua langsam, tua langsam,
Tua net a so geschwind,
Wie ma d'Knödl tuat mache,
Des woaß a jeds Kind!

Kirchweih-Knödellied
(Alte Ammergauer Liederhandschrift)

Die Muetter kocht unß Knödl,
än ganzen haffen voll, voll, voll,
didl, didl voll,
Körts zamä mitm bösa
(mit dem Besen zusammenkehren)
sye schmöckhen uns gar woll,
undt aber mahl
sey schmöckhen uns gar woll.

Egerländer Knödellied

Kannst du Knödel kochen -
frag' ich mich seit Wochen,
wie sie einst die Mutter
hat gekocht mit Butter.
Schön locker, zart und fein
und bitte nicht zu klein.
Dann sollst du für's Leben
meine Knödelköchin sein!

D'Wocha
*(Alpenländisches Volkslied,
1. Strophe)*

Was is heut für a Tag?
Heut is Montag, heut is Knödeltag!
Wann alle Tag Montag Knödeltag wäre,
waar ma lustige Leut!

Die Bauernkost
*(Waldlerische Volksweise,
4. Strophe)*

Und kommt amal a Fleischtag,
so g'freu'n ma uns halt scho',
Da gibt's vom Speck a Supp'n,
Is aa viel Wassa dro'.
Da kriag'n ma a paar Knödl'n,
dö geh'n mir über all's,
Und's Bröckerl Speck, dös graw'lt,
daß's uns oft kratzt im Hals.

Altbairisches Knödl-Gstanzl

A bißl böhmisch, a bißl deutsch,
a Bröckerl Knödl, a Bröckerl Fleisch,
a Batzerl Kraut und a gschwollne Wurst,
gehn fürn Hunger und net fürn Durst.

Aus: Walter Schmidtkunz, Das leibhaftige Liederbuch.

Wild- und Pilzknödel, Klopse

Niederbayerische Hasenknödel

*1 Hase,
500 g durchwachsener Speck,
2 Eier, 1/2 Zwiebel,
3 Knoblauchzehen,
3-4 EL Semmelbrösel,
Salz, Pfeffer,
Paprika, 1 alte Semmel,
3-4 EL Rotwein,
Öl nach Belieben, 50 g Wildkräuter,
Kapern, abgeriebene Schale von
1 Zitrone, 2 TL Sardellenpaste,
1 EL Mehl*

Es muss nicht unbedingt ein junges Häslein sein, sondern es kann sich auch um ausgewachsenes Wild handeln, das bereits mehrere Treibjagden überstanden hat, um in den Genuss einer besonderen Spezialität zu kommen, von der nicht nur alte Waidmänner schwärmen: dem niederbayerischen Hasenknödel. »A Haufn Arbeit is scho«, so seufzen erfahrene Waidmanns-Frauen, von einem gut abgehangenen Hasen, d.h. einem Hasen, der im Fell zwei bis drei Tage im Kühlen gehangen hat, das Fleisch von den Knochen zu schaben. Gemeinsam mit dem durchwachsenen Speck wird dann das Hasenfleisch durch den Fleischwolf gedreht. Diesem faschierten Fleisch, wie man in Österreich zu sagen pflegt, werden die Eier, die klein gehackte Zwiebel und Knoblauchzehen, Semmelbrösel (soviel man dazu braucht, damit der ganze Teig eine gewisse Festigkeit erhält), Salz, Pfeffer und Paprika, die zuvor eingeweichte und dann wieder ausgedrückte Semmel oder auch Knödelbrot, Rotwein und ein bisschen Öl beigemischt. Einen pikanten Geschmack bekommt das Ganze, wenn man ein paar Wildkräuter zur Hand hat, Kapern, die zuvor klein gehackt werden, und Zitronenschale sowie Sardellenpaste hinzugibt. Auf das gute Durchkneten kommt es an, damit alles schön vermischt wird und die Knödel »Halt« kriegen. Zum besseren Binden kann man noch 1 EL Mehl hinzugeben. Die Knödel werden in kochendes Salzwasser eingelegt und so lange gekocht, bis sie an die Oberfläche steigen. Zu empfehlen ist dazu eine Kapern- oder Sardellensoße und als Beigabe ein frisches Schwammerlgericht.

Dijoner Kraftbrühe

In Dijon kennt man eine besondere Art von Wildklößchensuppe, die Consommé à la dijonaise. Hierbei werden die Wildklößchen, ganz gleich ob aus Hasen-, Reh- oder Wildentenfleisch zubereitet, in einer Hühnerkraftbrühe serviert und mit Streifen von gepökelter Schweine- oder Rinderzunge garniert. Beim Klößchenrezept ist genauso zu verfahren wie beim Hasenknödel. Je nach Geschmack und dem persönlichen Ausprobieren kann jedoch eine individuelle Note zugegeben werden.

Dänische Wildklößchen

Ähnlich den Zutaten beim Hasenknödel kennt man in Dänemark ebenfalls ein Rezept für kleine Wildklößchen. Hier wird nur anstelle des Hasen eine Wildente enthäutet, beide Brusthälften ausgelöst und durch den Fleischwolf gedreht. Das Gerippe wie auch die Knochen der Keulen werden nach grobem Zerhacken etwas angeröstet und einer Wildkraftbrühe beim Klären beigefügt. Anders als die Hasenknödel werden die dänischen Wildklößchen als Wildsuppe serviert, d.h., es werden kleine Klößchen geformt, gegart und in einer Kraftbrühe mit pochierten Champignons serviert.

Pilzknödel

*500 g Pilze,
50 g Butter,
8 alte Semmeln,
1 Tasse Milch,
3 Eier,
2 Eigelb,
2 EL Petersilie, Salz,
Pfeffer*

Die fein gesäuberten Pilze werden in kleine Scheibchen geschnitten und in Butter leicht angedünstet, bis ihre Feuchtigkeit völlig verdampft ist. Die alten Semmeln werden klein gewürfelt und mit heißer Milch überbrüht. Gut durchgezogen, werden sie mit den Eiern und dem Eigelb sowie der gehackten Petersilie vermengt, die Pilze hinzugefügt und entsprechend abgeschmeckt. Es soll ein geschmeidiger Knödelteig entstehen (evtl. noch etwas Milch zugeben oder, wenn der Teig zu weich ist, etwas Mehl einarbeiten). Die Knödel werden tennisballgroß geformt, in kochendes Salzwasser eingelegt, wo sie in etwa 20 Minuten garziehen. Pilzknödel sind eine spezielle Beilage zu fast allen Wildgerichten.

Tiroler Pilzknödel

*5 alte Semmeln, 100 g Butter,
1/4 l Milch, 4 Eier, Salz,
1 kleine Zwiebel, 2 EL Petersilie,
250 g Pfifferlinge*

Die Semmeln werden klein gewürfelt, in 30 g Butter goldgelb geröstet, mit der Milch und den Eiern übergossen, gesalzen und dann einige Minuten stehen gelassen. Die restliche Butter wird erhitzt und darin die fein gehackten Zwiebeln, die gehackte Petersilie und die geschnittenen Pilze gedünstet. Gemeinsam mit den Semmelwürfeln wird alles gut durchgeknetet und muss nochmals 1/2 Stunde ruhen. Die Klöße sollen nicht zu groß geformt werden. Falls erforderlich, kann zum Binden noch etwas Mehl daruntergestreut werden. Die Knödel in siedendes Salzwasser einlegen, in 20 Minuten garziehen lassen.

Böhmische Klopse

(Originalrezept)

»1/4 kg Rindfleisch und 1/4 kg Schweinefleisch schneidet man in dünne Scheiben, schabt das Fleisch mit einem scharfen Blechlöffel aus Sehnen und Fasern und hackt es fein. Ein eigroßes Stück Butter treibt man flaumig mit 1 Dotter ab, mischt den Schnee von 1 Klar (Eiweiß) und das Fleisch dazu, sowie etwas Citronenschale, 2 gebratene, passierte Kartoffeln, Pfeffer und wenig Neugewürz, sowie eine halbe geweichte und gut ausgedrückte Semmel. Man formt davon kleine Knöderln, von der Größe eines kleinen Apfels, drückt diese etwas flach und kerbt sie gitterartig mit dem Rücken eines Messers ein. Dann brät man sie in einer breiten Pfanne mit Butter, fein gehackter Petersilie, Schnittlauch oder Schalotten ab, fügt noch den Saft von 1/2 Limone, ein wenig Wein und 1 feingewiegte Sardelle dazu, deckt sie zu und läßt sie noch einige Minuten dünsten. Man richtet sie im Kranze (en miroton) an, gießt die passierte Soße darüber und garniert sie mit in Butter schön gelb gebratenen Kartoffeln.«

Knödel auf französisch

Semmelknödel waren in Altbayern schon immer das Leibgericht Nummer eins. Bei einem von der Herzogin von Leuchtenberg im Jahre 1835 gegebenen Essen waren sie in der Menükarte mit der französischen Bezeichnung »des quenelles« aufgeführt.

Original Königsberger Klopse

Rezepte für Königsberger Klopse gibt es viele. Natürlich kennt man sie nicht nur in Ostpreußen, sondern auch in böhmische Kochbücher haben sie Eingang gefunden und somit Verbreitung über ganz Europa erfahren.

*2 Semmeln, 1 große Zwiebel,
500 g Hackfleisch gemischt,
2-4 Sardellenfilets, 1 Ei, Salz,
Pfeffer, 1 l Fleischbrühe,
1 Lorbeerblatt, 50 g Mehl,
30 g Butter, 3 EL Zitronensaft,
1 Msp Zucker, 4 EL Kapern,
1 Eigelb, 6 EL Sahne, Weißwein*

Die Semmeln werden in Wasser oder auch in Milch gut 1/4 Stunde eingeweicht, dann ausgedrückt und in kleine Scheibchen geschnitten. Inzwischen wird die fein gehackte Zwiebel leicht glasig gedünstet und unter das Hackfleisch und die Semmeln gemischt. Die fein geschnittenen Sardellenfilets und das Ei kommen hinzu, und alles zusammen wird kräftig durchgeknetet, mit Salz und Pfeffer abgeschmeckt und zu etwa 4 cm großen Klopsen geformt. In Fleischbrühe mit dem Lorbeerblatt müssen sie gut 1/4 Stunde garziehen. Die Brühe nicht wegschütten, sondern, nachdem die Klopse mit einem Schaumlöffel herausgehoben wurden, weiterkochen und durchsieben.

In einer Pfanne lässt man Mehl in der heißen Butter unter ständigem Rühren hell anschwitzen und gießt das Ganze mit der verbliebenen Brühe auf und bereitet daraus eine pikante Soße, die mit Pfeffer, Zitronensaft, Zucker und Kapern abgeschmeckt wird. Mit Eigelb legiert und unter Zugabe von Sahne wird dann nochmals abgeschmeckt und mit ein bisschen Weißwein aufgegossen. In dieser Soße werden die Klöße kurz erhitzt und serviert.

Hat man keine Sardellenfilets zur Hand, kann man ersatzweise Sardellenpaste verwenden. Mit Sardellenpaste lässt sich auch die Soße pikant abschmecken.

Klops in Kaperntunke

*1 Semmel, 1 Ei, Salz, Pfeffer,
1 kleine Zwiebel, 200 g Rindfleisch,
200 g Schweinefleisch, 30 g Butter,
30 g Mehl, 3/8 l Fleischbrühe, Salz,
Pfeffer, Saft von 1/2 Zitrone,
1 EL Kapern*

Das eingeweichte Brötchen wird mit Ei, Salz, Pfeffer und der gehackten Zwiebel verrührt und mit dem gehackten Fleisch vermengt. Aus diesem Teig werden kleine Klopse geformt und 10 Minuten in Salzwasser gekocht.

Butter und Mehl werden goldgelb geröstet, mit der Brühe aufgegossen und gut durchgekocht. In dieser Soße, mit Salz, Pfeffer, Zitronensaft und Kapern abgeschmeckt, werden die Klopse nochmals erhitzt und sofort serviert.

Deggendorfer Knödelrezept

Pro Deggendorfer Knödel sollen als Zutaten 100 Gramm Mehl, 1 Ei, 1 Esslöffel Fleischbrühe, 1 Prise Salz, etwas Backpulver und 1 Esslöffel Milch vermengt werden. Dem gekneteten Teig ist fein geschnittenes Schwarzbrot (pro Knödel eine Scheibe) beizumengen. Der so verarbeitete Knödelteig wird um eine in Milch eingeweichte Semmel (ohne Semmelrinde) geschlagen. Die Knödel sind darauf, entsprechend sorgsam geformt, in einen großen Topf mit siedendem Wasser zu geben, worin sie eine halbe Stunde auf den sofortigen Verzehr zu warten haben.
Und wer einmal die Donau hinabpaddelt, an ihren Ufern entlang spaziert oder fährt und dabei Rast in Donaustädtchen macht, wird erleben, wie allgegenwärtig der Deggendorfer Knödel auf allen Speisekarten der einheimischen Gastronomie ist.

Klöße mit Obst: die süßesten Knödel

Nicht nur als Vor- und Hauptspeise, sondern auch als Nachspeise stand der Knödel bzw. der Kloß allemal seinen Mann auf allen Speisekarten. Am bekanntesten natürlich sind die Zwetschken- und Marillenknödel, wobei aber Aprikosenknödel und Apfelklöße, Kirschknödel, Apfel- und Rhabarberklöße ebenfalls nicht zu verachten sind. Doch nicht nur auf die Früchte kommt es an, sondern auch auf den Teig. Zumeist wird für Zwetschken- und Aprikosenknödel ein Teig aus gekochten Kartoffeln empfohlen. Doch auch ein Teig aus Quark (Topfen), ein Hefeteig, Nudel- und Strudelteig lässt sich gut verwenden. Ganz gleich welcher Teig, er muss gut binden und darf beim Formen der Knödel keine Risse hinterlassen, da sonst die Gefahr besteht, dass die Knödel während des Garziehens aufgehen und den süßen Inhalt im siedenden Wasser verlieren. Zum Servieren sollen die süßen Knödel in Butter leicht angebräunt werden. Als Fastenspeise empfiehlt Magdalena D. Rettig in ihren »Leichtfaßlichen und bewährten Anweisungen, auf die vorteilhafteste und schmackhafte Art Fleisch- und Fastenspeisen jeglicher Gattung zu kochen, zu backen und einzumachen« 1888 als bewährte böhmische Köchin die Zubereitung von Zwetschkenknödeln.

Zwetschkenknödel mit Topfenteig

1/4 kg Topfen wird durchpassiert, mit 3 1/2 dkg Butter und 2 Dottern gut abgetrieben, dann 1/10 l saurer Rahm, Salz, 4/10 l Mehl und fester Schnee von 2 Klar beigemengt. Schöne, große, reife Zwetschken wischt man ab; den Teig rollt man ziemlich dick aus, schneidet davon so große Fleckchen herab, daß man eine Zwetschke eindrehen und den Teig gut schließen kann. Die Knödel werden nun in einer großen, weiten Kasserolle in Salzwasser eingekocht, gut abgeseiht und entweder nur mit brauner Butter abgeschmalzen oder zu in Butter angelaufenen Bröseln gegeben.

Zwetschkenknödel mit Erdäpfelteig

Man macht auf dem Brette einen mäßig weichen Teig aus 1/2 l Mehl, 2 Dottern, Salz, einem eigroßen Stückchen Butter und so viel heiß geriebenen, erkalteten Kartoffeln, als das Mehl aufnimmt. Man soll eine gelbe Gattung von Kartoffeln nehmen, womöglich nicht die sogenannten Rosenkartoffeln. Wenn der Teig gut verarbeitet ist, rollt man ihn zu einer dicken Wurst, schneidet kleine Stücke davon herab und überzieht mit jedem eine frische, abgewischte Zwetschke. Der Teig muß sehr gleichmäßig herumgewickelt werden und darf keine Sprünge haben. Man kocht die Knödel in viel Salzwasser ein; da sie viel Platz zum Kochen brauchen, so nehme man eine große Kasserolle dazu. Nachdem die Knödel abgeseiht wurden, röstet man sie mit in Butter angelaufenen Bröseln.

Zwetschkenknödel mit Nudelteig

Man macht einen gewöhnlichen weichen Nudelteig aus Mehl, Eiern und Wasser, rollt ihn zu einer Wurst, schneidet von dieser gleich große Stücke ab und dreht in jedes dieser Stücke eine frische Zwetschke ein.

Abb. Seite 90:
Zwetschkenknödel

Wenn alle fertig sind und der Teig bei allen gut geschlossen ist, kocht man sie in Salzwasser ein, seiht sie ab und schmalzt sie mit brauner Butter reichlich ab oder läßt sie in derselben etwas rösten.

Zwetschkenknödel, andere Art

Man sprudelt 4/10 l Obers mit 3 Dottern, 1 Ei, etwas Salz gut ab und macht auf dem Brette mit einem Stückchen Butter und Mehl einen Teig an, walkt ihn aus, überzieht damit die Zwetschken und kocht sie fertig wie oben. - Oder: Man macht einen Teig - ohne Eier - aus 1 l Mehl, einem Stückchen Butter und lauwarmer Milch.

Zwetschkenknödel mit Kartoffelteig

1 kg Kartoffeln, 120 g Mehl,
30 g Grieß, 1 Prise Salz, 1 Ei,
24 Zwetschken,
24 Stück Würfelzucker, 100 g Butter,
3 EL Semmelbrösel,
Zimt, Zucker

Die Kartoffeln werden roh geschält, mehlig gekocht, zerstampft und kalt gestellt. Anschließend werden sie mit Mehl, Grieß und Salz vermischt und mit dem Ei gründlich verknetet. Zu einer Rolle geformt, werden dem Teig 24 gleiche Scheiben abgeschnitten und flachgedrückt. Sie sollen etwa 4 mm dick sein und einen Durchmesser von 10 cm haben.

Inmitten dieser Teigscheiben wird je eine gewaschene, entsteinte Zwetschke gefüllt mit je einem Stück Würfelzucker, gelegt und mit dem Knödelteig faltenlos umhüllt. Im kochenden Salzwasser lässt man die Knödel gut 5 Minuten ziehen, bis sie nach oben schwimmen. Die Butter wird erhitzt, mit den Semmelbröseln leicht angebräunt und die Knödel darin gewälzt. Anschließend bestreut man die Zwetschkenknödel mit Zimt und Zucker. Möglich ist es auch, die Zwetschkenknödel anstatt in Semmelbröseln in Mohn, Zucker oder auch nur in gebräunter Butter zu wälzen.

Aprikosenknödel

*1 kg Kartoffeln, 200 g Mehl,
250 g Magerquark, 1 Ei, 1 EL Butter
oder Margarine, 1 Prise Salz, 24 Aprikosen,
24 Stück Würfelzucker, 100 g Butter,
3 EL Semmelbrösel, Zimt, Zucker*

Die Kartoffeln werden roh geschält, gekocht, zerstampft und kalt gestellt. Gemeinsam mit dem Mehl, dem Magerquark, dem Ei, der Butter und dem Salz werden sie zu einem lockeren Teig verknetet. Der Teig wird ca. 5 mm dick ausgerollt und Scheiben mit einem im Durchmesser von 10 cm großen Glasrand ausgestochen. In die Mitte der Teigscheiben gibt man je eine mit einem Stück Würfelzucker gefüllte Aprikose (oder Marille) und umhüllt sie faltenlos mit dem Teig zu Knödeln. In einem großen Topf mit kochendem Salzwasser ziehen sie in gut 5 Minuten gar und werden anschließend in den in der Butter gerösteten Semmelbröseln gewälzt. Mit Zimt und Zucker bestreut werden sie knusprig braun herausgebacken.

Obstklöße

*250 g Mehl, 50 g Butter, 1/4 l Wasser,
Salz, 500 g Pflaumen oder
Mirabellen, Äpfel, Aprikosen,
100 g Butter, 3 EL Semmelbrösel, Zucker*

Das in eine Schüssel geschüttete Mehl wird ein wenig gesalzen, inmitten eine Mulde gedrückt und die Butter hineingegeben. Das Wasser wird mit Salz gekocht, über die Butter gegossen und alles zusammen schnell zu einem Teig geknetet. Mit dem Nudelholz wird der Teig 3-4 mm dick ausgerollt, Teigstücke von 10 cm Durchmesser ausgestochen und mit der gewünschten Frucht be-

**Abb. unten:
Aprikosenknödel**

legt. Daraus formt man kleine Klößchen, legt sie in siedendes Salzwasser ein und lässt sie 5-10 Minuten ziehen. Vor dem Servieren werden die Knödel in den in Butter leicht angebräunten Semmelbröseln und in Zucker (oder in geriebenem Mohn oder in fein gehackten Nüssen) gewälzt.

Kirschknödel in Hefeteig

500 g Mehl, 20 g Hefe, 1/4 l Milch, 1 TL Zucker, 2 Eigelb, 80 g Butter, Salz, 500 g Kirschen, 3 EL Semmelbrösel, 100 g Butter, Zimt, Zucker

Das Mehl wird in eine Schüssel gegeben und mit der klein zerbröckelten Hefe, der lauwarmen Milch sowie dem Zucker verrührt. Das Ganze lässt man zugedeckt an einem warmen Platz 1/2-1 Stunde gehen. Anschließend werden Eigelb, die 80 g Butter und Salz beigemengt und der Teig so lange geschlagen, bis er Blasen zeigt. Der Teig muss dann nochmals zugedeckt ruhen, bevor man ihn auf einem mit Mehl bestreuten Brett ausrollt, daraus ca. 10 cm (Durchmesser) große Teigstücke schneidet und diese Teigstücke um die entkernten Kirschen - es eignen sich dazu natürlich auch Pflaumen, Heidelbeeren und Aprikosen - wickelt. Nachdem man die Knödel geformt hat, werden sie in kochendes Wasser eingelegt, wo sie in ca. 10 Minuten garziehen. Gut abgetropft können sie dann in den in Butter leicht angebräunten Semmelbröseln und/oder in einer Zimt- und Zuckermischung gewälzt (oder auch mit geriebenem Quark bestreut) werden.

Rheinische Apfelklöße

500 g Mehl, 3 Eier, 80 g Butter, 50 g Zucker, 1/8 l Milch, 1 TL Salz, 500 g Äpfel, Zimt, Zucker, Butter

Das Mehl wird mit den Eiern, der Butter, dem Zucker, Milch und Salz zu einem Teig verrührt. Diesem Teig werden die geschälten und geschnitzelten Äpfel beigegeben. Daraus formt bzw. sticht man mit einem Löffel die Klöße ab und lässt sie in kochendem Salzwasser rund 10 Minuten ziehen. Vor dem Servieren werden die Klöße mit einer Zimt-Zucker-Mischung überstreut und mit leicht gebräunter Butter übergossen.

Sächsische Pflaumenklöße

400 g Kartoffeln, 125 g Mehl, 20 g Butter, 1 Ei, Salz, 1 kg Pflaumen, Würfelzucker, Butter, Zucker, Zimt

In noch heißem Zustand werden die gekochten Kartoffeln geschält und fein zerstampft, bevor sie nach gründlichem Abkühlen mit Mehl, Butter, dem Ei und Salz zu einem festen Teig verknetet werden. Diesen lässt man abgedeckt etwa 1/2 Stunde quellen. Die entsteinten Pflaumen werden mit Würfelzucker gefüllt und mit dem Teig, den man zweckmäßigerweise zuvor mit dem Nudelholz 3-4 mm dick auswälzt, umhüllt. Die wohlgeformten Klöße müssen in siedendem Salzwasser in gut 10 Minuten garziehen. Mit brauner Butter übergossen und mit Zucker oder/und Zimt bestreut werden sie dann serviert.

Apfelknödel aus Spätzleteig

300 g Mehl, 1/2 TL Backpulver, 2 Eier, Salz, Zitronensaft, 1/8 l Milch, 500 g Äpfel, 1 1/2 EL Zucker, 100 g Butter, 3 EL Semmelbrösel, Zucker, Zimt

Der Spätzleteig wird aus Mehl, vermischt mit Backpulver, Eiern, Salz, Zitronensaft (oder auch abgeriebener Zitronenschale) und Milch vermischt und gut verknetet. Den ganzen Teig lässt man etwas gehen und gibt dann die in sehr kleine Würfel geschnittenen Äpfel, die vorher gezuckert werden, darunter. Anschließend werden die nicht allzu groß geformten Knödel in kochendes Salzwasser eingelegt, wo sie 15 Minuten ziehen. Sie müssen schön aufgegangen sein, bevor sie in den in hellbrauner Butter gerösteten Semmelbröseln gewälzt werden. Zum Schluss werden sie mit Zucker und Zimt bestreut.

Mohnnocken

Teig:
750 g Mehl, 40 g Hefe, etwa 300 ml Milch,
2 Eier, 2 TL Salz, 170 g Butter, etwas Zucker.

Füllung:
150 ml Milch, 7 EL Mohn, 50 g Butter,
2 EL Zucker, 1 gehäuften EL Semmelbrösel,
3 EL Rum, 2 EL Marmelade,
2 EL gehackte Nüsse,
250 g Backfett für die Reine,
Rahm zum Bestreichen

Lauwarme Milch, Hefe, etwas Zucker und etwas Mehl zu einem Dampferl anrühren. Abgekühlte zerlassene Butter zugeben und in das restliche Mehl einarbeiten. Teig gut durcharbeiten und gehen lassen.

Mohn in der Milch mit Zucker und Butter unter Rühren aufkochen lassen, mit Semmelbröseln binden, nochmals aufpuffen lassen. Masse vom Herd nehmen, mit Rum, Marmelade und Nüssen verfeinern. Backfett in der Reine zerlaufen lassen. 2 EL große Stücke vom Hefeteig abstechen, etwas ausziehen und in die Teigmitte einen EL der Mohnmasse geben, zusammenklappen, zu länglichen Nocken formen. Nebeneinander in die Bratreine setzen. Nochmals gut gehen lassen, dann mit Rahm bepinseln und bei ca. 175° C backen, bis sie hellbraun sind.

Mohnklöße oder Mohnspielen

2-4 Semmeln, etwas Milch, 250 g Zucker,
250 g Mohn, 80 g Mandeln, Rosinen

2-4 Semmeln werden in Scheiben geschnitten und in gezuckerte Milch getaucht. Man legt sie abwechselnd mit 250 g gemahlenen oder in Milch gekochtem Mohn, 250 g Zucker, 80 g gestifteten Mandeln und 80 g kernlosen Rosinen in eine Schüssel, bis alles verbraucht ist. Dann gießt man den Rest der Milch heiß darüber und lässt die Speise sehr gut durchkühlen. Man kann heiße Glühwein-, Rotwein- oder eine Vanillesoße dazugeben

Heidelbeernocken

250 g Heidelbeeren, 750 g Mehl, 1 Backpulver,
2 Eier, Salz, Heiße Milch, Fett, Zucker,
Vanillezucker

Etwa 1/4 kg verlesene, gewaschene Heidelbeeren werden mit 3/4 kg gesiebtem Mehl, 1 Päckchen Backpulver, 2 Eiern, Salz und soviel heißer Milch vermengt, dass ein halbfester Teig entsteht. Man bäckt nun in einer Pfanne mit heißem Fett große Nocken, die man mit einem Esslöffel aus dem Teig heraussticht. Die Nocken gehen sehr schön auf; sie werden auf beiden Seiten goldbraun gebacken, mit etwas Zucker oder Vanillezucker überstreut und noch warm als Mehlspeise aufgetragen oder kalt zum Kaffee gegeben.

Nocken, gebackene

1/4 l Milch, 100 g Fett, 100 g Zucker,
125 g Mehl, 3-4 Eier, Fett,
Zucker, Zimt, Salz, 1 l Milch

1/4 Liter Milch, 100 g Fett sowie 100 g Zucker werden rasch zum Kochen gebracht. Dann kocht man 125 g Mehl hinein und rührt den Teig so lange, bis er sich vom Gefäß löst (Brandteig). Man nimmt ihn vom Feuer, lässt ihn auskühlen und schlägt 3-4 Eier darunter. Inzwischen kocht man in einem breiten Topf etwas Fett, ein wenig Zucker, je eine Prise Zimt und Salz mit 1 Liter Milch auf, gibt dann die mit einem Esslöffel vom Teig abgestochenen Nocken hinein und kocht sie 15 Minuten, bis sie durch sind. Man lässt sie ablaufen, gibt sie in eine feuerfeste Form, übergießt sie mit der vom Abkochen übriggebliebenen Milch und lässt sie schön braun überbacken. Man reicht Vanillesoße oder Schokoladensoße dazu.

Die Reunion beym Knödlweib
auf dem Naschmarkt.

Schaut's d' Resi an, wie doch ihr Kopf z'samg'stellt

Klöße mit Obst: die süßesten Knödel

Apfelknödel

*500 g Äpfel, 200 g Brösel,
2-3 Eier, 100 g Zucker,
Zimt, 1-2 EL Mehl, Rosinen*

500 g grobgeraspelte Äpfel, 200 g Brösel, 2-3 Eier, 100 g Zucker, etwas Zimt, 1-2 Esslöffel Mehl und eine Handvoll Rosinen verknetet man zu einem Teig, aus dem man Knödel formt. Sie werden in Bröseln gewendet und in Fett goldgelb gebacken oder in Salzwasser gekocht, abgetropft und mit brauner Butter und Zimt-Zucker übergossen.

Wie süße Knödel noch zu füllen sind

Will man süße Knödel machen und hat nicht gerade Zwetschken oder Marillen zur Hand, kann man sie auch mit folgendem Obst (auch mit entsprechender Konfitüre) füllen:
○ Pfirsiche
○ Johannisbeeren
○ Kirschen
○ Sauerkirschen
○ Erdbeeren
○ Pflaumen
○ Trockenfrüchten (Äpfel, Pflaumen, Aprikosen)

Gerichte aus Knödelresten

Immer wieder kommt es vor, dass der Hunger in Anbetracht einer großen dampfenden Schüssel Knödel zwar noch gesteigert wird, dann aber doch die Essleistung hinter dem bereits vollzogenen Augenschmaus zurückbleibt. Bleiben Knödel übrig, so kann man sich aber auf eine weitere Mahlzeit aus diesen köstlich zubereiteten »runden Dingern« freuen. Denn Knödel eignen sich überaus gut zur Resteverwertung, ganz gleich, ob es sich dabei um Kartoffel- oder Semmelknödel handelt. Mit Eiern, Fett, Wurst oder Schinken, ein bisschen fein gehackter Petersilie oder Schnittlauch lassen sich feine Gerichte mit wenig Mühe zubereiten. Als Abendmahlzeit geradezu eine feine Ergänzung des Speisezettels! Die nachfolgenden Rezepte können nicht auf die Zahl der Knödel fixiert sein, da man ja nicht weiß, wie viele gerade übrig bleiben. Doch es rentiert sich schon allein bei einem Knödel, daraus ein Single-Gericht zuzubereiten. Die Zugaben von Eiern, Milch und Fett bzw. Speck können bei zwei, drei und vier Knödeln angewandt werden, je nachdem, wie man die Knödelreste-Verwertung mit Zugaben verfeinern will.

Essigknödel

Von Bayern bis Österreich, von Tirol bis in das Schweizer Bergland kennt man die Essigknödel, die man als Abendessen bevorzugt. »Sie haben zu Abend gegessen. Es hat Knödel in Essig und Öl gegeben mit feinen Wurstblättchen von einer Lyoner drin. Für Hitzetage gerade das richtige Abendbrot«, heißt es in einem bayerischen Heimatroman. Die Zubereitung der Essigknödel ist überaus einfach. Die von Mittag aufgehobenen Semmelknödel werden in dünne Scheiben geschnitten und portionsgerecht auf den Serviertellern angerichtet. Aus Wasser, Essig, Öl, Salz, Pfeffer und einer Prise Zucker wird eine Soße bereitet, darüber gegossen, 1/2 Stunde zum Durchziehen stehen gelassen und zum Schluss das Ganze mit fein säuberlichen Zwiebelringen garniert, wie man es vom Wurstsalat her gewohnt ist. Noch leckerer wird der Essigknödel natürlich, wenn man fein geschnittene Wurstblättchen von einer Lyoner oder Knackwurst dazu mischt. Und nichts schmeckt dazu besser als ein frisch gezapftes Bier oder ein kühler Most oder Wein.

Geröstete Knödel mit Ei

Zum Rösten geeignet sind vor allem Knödel aus rohen Kartoffeln, Knödeln »halb und halb« wie auch Semmelknödel. Man gibt in eine Pfanne etwa 40 g Fett, dazu die aufgeschnittenen, gabelgerechten Knödelscheiben und schlägt darüber, je nach der Menge der Knödel, zwei oder drei Eier. Ein bisschen gehackter Schnittlauch oder Petersilie (1 EL voll genügt) verfeinert die ganze Sache. Bei mäßiger Hitze lässt man alles so lange unter öfterem Umdrehen in der Pfanne, bis es gut angeröstet ist. Heiß servieren. Dazu empfohlen werden kann ein Schüsselchen Kopf- oder Tomatensalat.

Werden die gerösteten Knödel etwas mehr gewürzt gewünscht, kann man mit frisch gemahlenem Pfeffer und Salz nachhelfen.

Geröstete Knödel mit Schinken oder Wurst

Hier sind die Knödelreste ebenfalls in kleine Stücke zu schneiden und gemeinsam mit einem Stück Wurst von 100-150 g oder Schinken, alles schön in Streifen geschnitten, in eine Pfanne mit heißem Fett zu geben und leicht anzubraten. Beim Servieren streut man ein bisschen gehackte Petersilie darüber. Anstatt Wurst und Schinken kann man auch gekochtes oder gebratenes Fleisch, das man vielleicht vom Mittagessen übrig hat, in kleine Stücke gehackt, beigeben.

Geröstete Knödel mit Zwiebel und Ei

In einer Pfanne mit 50-100 g ausgelassenen Speckwürfeln und mit der gleichen Menge Zwiebelringen werden die Knödelscheiben leicht angeröstet. Über die Knödelscheiben gibt man etwa 2-3 Eier, zuvor in 3 EL Milch verquirlt. Alles ist so lange in der Pfanne zu belassen, bis die Eier gleich Rühreiern gestockt sind.

Böhmische Knödelreste

Gab es schon zum Mittagessen Freude an den Böhmischen Knödeln, so kann es Knödelfreude auch noch abends geben, wenn man so wie in böhmischen oder österreichischen Küchen verfährt. Die vom Mittag übrigen Knödel schneidet man in etwa zeigefingerdicke Scheiben, brät sie mit Butter goldgelb an und streut kurz vor dem Servieren fein gehackte Zwiebeln darüber. Dazu ein Spiegelei - und die Mahlzeit stimmt! Dazu kann gerne auch grüner Salat serviert werden. Gut schmecken die Böhmischen Knödelreste auch dann, wenn man sie, geschnitten in gut 1 cm große Würfel, in einer Pfanne, in der man vorher Butter und gehackte Zwiebeln gegeben hat, leicht anbräunt und dazu gehackte Essiggurken und eingemachte Champignons gibt. Wenn alles leicht angedünstet ist, wird Rührei darüber geschüttet und das Ganze nochmals leicht angebraten. Mit ein bisschen Schnittlauch und mit Perlzwiebeln oder auch anderen süßsauren Sachen serviert, ist dies allemal eine Kost, die man auch unerwartet gekommenen Gästen vorsetzen kann.

Abb. Seite 99:
Geröstete Knödel mit Schinken

»Starfighter mit Knödeln angegriffen ...«

So und ähnlich lauteten die Schlagzeilen von Boulevardblättern im Jahre 1967, als der Graphiker Helmut Winter aus Pasing bei München anfing, mit einer speziell konstruierten Katapultanlage, ähnlich wie man sie in mittelalterlichen Zeiten zur Beschießung von Trutzburgen gebrauchte, die über sein Wohngebiet anrückenden Tiefflieger mit Kartoffelknödeln zu beschießen. Und wenn auch der findige Knödelschütze in seinem militanten Zorn, aber mit überaus friedlichen Mitteln, keinen der über sein Wohnhaus donnernden Starfighter abschoss, so erreichte er doch, dass man bei der Luftwaffe in Fürstenfeldbruck und Landsberg die Einflugschneise änderte. »Ich war ein Frühzünder, als ich den Leuten gezeigt habe, dass man ein ernstes Anliegen auch lustig und ohne Kadi durchziehen kann. Jetzt gibt's überall Bürgerinitiativen, da bin ich überflüssig geworden«, erinnert sich der Knödelschütze heute an seine früheren Aktivitäten, die ihn nicht nur den Kampf gegen die Lärmbelästigung gewinnen ließen, sondern auch eine andere Ehrung einbrachten: Im März 1967 wurde dem Graphiker vom Karl-Valentin-Musäum als erstem Münchner der »Blödsinns-Taler« für den schönsten Blödsinn des Jahres verliehen.
Auch im Ausland erntete der sich speziell auf Kartoffelknödel als Wurfgeschoss konzentrierende Flugabwehrspezialist mit seinen weichen Geschossen frenetischen Beifall. Vor allem die Amerikaner konnten es gar nicht fassen, so Helmut Winter bei einem Interview, »dass ein Deutscher so viel Humor hat!«

Alte bayerische Knödelrezepte

Sauerkrautknödel

*200 g Sauerkraut, Fleischreste
oder Wurst, 1-2 Eier,
etwas Mehl oder Semmelbrösel*

Abgetropftes, gekochtes Sauerkraut wird klein geschnitten und mit beliebigen Fleischresten oder Schinkenwurst oder Speckresten, 1-2 Eiern und etwas Mehl oder Semmelbröseln zu einer glatten Masse vermengt. Man formt kleine Knödel daraus, wendet sie in Mehl, Ei und Semmelbröseln und bäckt sie in der Pfanne oder in der Friteuse goldbraun. Dazu gibt man Salate.

Bummerer

*(Vollkorn- oder Roggenknödel)
250-300 g Vollkorn- oder Roggenmehl,
Wasser, Salz,
Schweinefett oder Grammeln*

Mehl nach und nach mit Wasser vermischen, so dass man den Teig gut abbröseln kann, dann salzen, Schweinefett heiß werden lassen und zu dem Knödelteig geben. Alles gut verkneten und nicht zu große Knödel formen. Ins kochende Salzwasser einlegen und ca. 25 Minuten ziehen lassen. Wenn man mit dem Schweinefett auch noch Grammeln dazu gibt, werden die Knödel lockerer. Der Knödel muss beim Anstechen auseinanderbrechen.

Fleckknödel

*500 g Mehl, 1 Ei, Salz, Öl,
lauwarmes Wasser, Butter, 1/4 Pfund Grieß*

Aus Mehl, Ei, Öl, Salz und Wasser verknetet man einen Strudelteig und lässt diesen zugedeckt, an einem warmen Ort, eine Stunde ruhen. In der Zwischenzeit röstet man den Grieß mit Butter in einer Pfanne hellbraun an. Danach wellt man den Teig auf einem Nudelbrett etwa 3 mm dick aus, streicht den Grieß darauf, rollt den Strudel zusammen und schneidet etwa 10 cm lange Stücke ab. Diese Striezel werden ungefähr 20-30 Minuten im Salzwasser gekocht. Dazu gibt es Geräuchertes (gekocht) und Sauerkraut.

G'wichste

*(Roggenknödel)
ca. 200 g feines Roggenmehl, Salz, Wasser,
nach Belieben Grammeln*

Aus Mehl, Salz und Wasser einen festen Teig bereiten, der sich noch gut zu kleinen Knödel formen lässt. Die kleinen Knödel werden im Salzwasser etwa 25 Minuten gekocht. Ab und zu etwas umrühren, damit die Knödel nicht am Boden festkleben. Man kann auch Grammeln zu dem Teig fügen, dadurch wird er etwas lockerer.

**Abb. Seite 101:
Rottaler G'wichste**

Urbairische Kost: die Rottaler G'wichsten

Eine Elastizität gleich Tennisbällen schreibt man einem Knödel aus dem niederbayerischen Gäuboden und dem Bayerischen Wald zu. Dort ist eine recht eigenartige Knödelart zu Hause: die G'wichsten. Ganze Dienstbotengenerationen können davon ein Lied singen, weil gerade diese aus Roggenmehl hergestellten Knödel schlechthin die ihnen verordnete Leibspeise waren. Fürwahr eine sehr schwere Kost, denn ein verwöhnter Magen verträgt die G'wichsten nicht besonders gut. Sie sind so hart, dass man jemand damit ein Loch in den Kopf werfen kann oder dass man sie über ein Hausdach hinüberwerfen kann, ohne dass sie zerbrechen, sagt man in ihrer Heimat darüber.

Die Rezepte der Zubereitung sind denen der Mehlknödel gleich, nur dass man bei den Rottaler G'wichsten nicht Weizen-, sondern Roggenmehl nimmt.

Im »Altbairischen Volks- und Heimatkalender auf das Jahr 1981« der Passauer Neuen Presse sind Herstellung und nicht gerade einfache Essensart dieser Rotttaler Spezialität wie folgt beschrieben:

Rottaler G'wichste

»Eine eigene Kunst ist es, diese Knödel zuzubereiten. Der aus reinem Roggenmehl fein säuberlich geknetete, zähe Teig wird zwischen den beiden flach gehaltenen Händen so lange gedreht, bis eine schöne Kugelform erreicht ist. Es erinnert dieser Vorgang an die Herstellung von Kugeln aus Wachs oder Lehm. Dabei legt jede Bäuerin oder Köchin Wert darauf, möglichst tadellos und zierlich gedrehte Kugelformen zustande zu bringen.

Dieses feine Herausdrehen der Kugelform hat man volkstümlich mit ›Wichsen‹ bezeichnet, und davon haben die Knödel den Namen ›die G'wichsten‹ bekommen. Die G'wichsten dürfen beileibe nicht zu groß gemacht werden. Hier gilt vor allem das Sprichwort: Klein, aber fein! Auch sollen sie im Vergleich zueinander möglichst gleich groß geraten.

Wenn das der Fall ist und sie fertig auf dem Nudelbrett liegen, gleichsam in Reih und Glied, dann machen sie zweifellos einen äußerst appetitlichen Eindruck, und jede Köchin setzt einen gewissen Stolz darein, diesen schmeichelnden und bestechenden Eindruck auch zu erreichen. Vom Nudelbrett weg kommen dann die G'wichsten wie jeder andere Knödel ins siedende Wasser, und damit sind sie fertig.

Nun kommt die Kunst des Essens. Mit Vorliebe gibt's die G'wichsten zu Schweinefleisch und Sauerkraut. Es ist Brauch, das Fleisch für sich allein aufzutragen, während auf die Mitte des Tisches eine große Schüssel mit der einfachen Fleischsuppe kommt, und in dieser Suppe schwimmen die G'wichsten.

Aus ihr werden nun die kleinen, runden Dinger mit der Gabel ›herausgetupft‹, was eine wirkliche Kunst ist. Es gibt für die Tischgenossen keinen größeren Spaß, als wenn ein Fremder mit zu Tische sitzt, der darin noch keine Übung hat. Stößt der Unkundige so einen G'wichsten mit der Gabel zu sachte an, so taucht dieser nur etwas unter, aber anspießen lässt er sich deswegen noch lange nicht. Stößt er zu stark, so kann er damit einen ganzen Aufruhr und überschäumende Wogen in der Schüssel verursachen.

Trifft er das gesuchte Opfer nicht in der Mitte, sondern seitwärts, so reißt so ein Schlingel einfach aus oder taucht unter, um auf der anderen Seite mit Schwung über den Schüsselrand zu springen. Das gibt in der Tischrunde dann jedesmal ein Hallo, und der verlegene Neuling merkt es jetzt ganz handgreiflich, welche Kunst das Herausfischen der G'wichsten ist. Sich aber zu diesem Zweck eines Löffels zu bedienen, gälte unter aller Würde.

So bleibt dem neuen Tischgenossen nichts anderes übrig, als sich diese mühsame Kunst anzueignen und bis dahin noch öfter ein Gelächter hervorzurufen.«

Hauberlinge

500 g Roggenmehl, 500 g Weizenmehl, 40 g Hefe, 3 TL Kümmel, 1 TL Salz, 1 gehackte Zwiebel, 100 g feingeschnittener Schinken, 2 ganze Eier, 4 Eiweiß, lauwarmes Wasser, etwas Bier

Dämpferl aus Hefe, 100 g des Weizenmehls und etwas lauwarmen Wasser ansetzen, gehen lassen. Roggen- und Weizenmehl mischen, Kümmel, Salz, Eier und Eiweiß untermengen, mit Wasser und etwas Bier zu einem Teig verarbeiten. Dämpferl vorsichtig einarbeiten. Jeweils einen großen Esslöffel des Teiges in wenig Ausbackfett (ca. 3 cm hoch) setzen. Nach einigen Minuten (der Boden des Hauberlings soll dunkelbraun sein) mit Fett beträufeln und umdrehen.

Hauberlinge werden zu Suppe und Fleisch gegessen oder kalt zu Wein.

Halbleinerne

(Kartoffelknödel)

Etwa 1 kg gekochte Kartoffeln vom Vortag, Speckwürfel, Mehl, Salz

Kartoffeln schälen, reiben und salzen. Dann die Speckwürfel auslassen und zu dem Kartoffelteig geben. Mit den Händen gut verkneten und nach und nach Mehl einarbeiten, bis der Teig nicht mehr klebt. Im Salzwasser erst kochen, dann etwa 25 Minuten ziehen lassen.

Grammelknödel

1 kg gekochte, geschälte und durchgedrückte Kartoffeln, 250 g Mehl, 2 Eier, 5 EL Grieß, etwas Salz, Muskat, 180 g ausgelassene Grammel, 1 kleine, gehackte Zwiebel

In einer Pfanne werden die Zwiebeln mit den Grammeln angeröstet. In der Zwischenzeit verknetet man allen anderen Zutaten zu einem glatten Teig. Dieser wird dünn ausgerollt, in Vierecke geschnitten und darauf kommt ein Löffel mit den Grammeln. Daraus werden Knödel geformt, die in Salzwasser 10-15 Minuten gekocht werden.

Wolpertinger Speckknödel

Knödelbrot von 10 alten Semmeln, 1/2 l Milch, 100 g durchwachsenen Speck, 1 Zwiebel, 2 Eier, 50 g Salami, 2 EL gehackte Petersilie, Salz, Pfeffer, Muskat, evtl. Semmelbrösel

Das Knödelbrot mit lauwarmer Milch einweichen und 30 Minuten zugedeckt ziehen lassen.

Speck und Zwiebeln würfeln und bei kleiner Flamme anbraten. Diese Mischung, die Eier, Petersilie und Salami zu dem Knödelteig geben, mit den Gewürzen abschmecken und alles gut durchkneten. Falls der Teig zu weich ist, Semmelbrösel untermischen. Mit nassen Händen Knödel formen, diese in kochendes Salzwasser einlegen und etwa zwanzig Minuten ziehen lassen.

Dazu passt gut Blattsalat oder Sauerkraut.

Abb. Seite 104:
Hauberlinge

Auch als Fertigprodukt ein Phänomen: Kloß und Knödel aus der Packung

Not macht bekanntlich erfinderisch. Schon während der beiden Weltkriege ging man daran, den Hunger der in ganz Europa verstreuten deutschen Landser mit Trockenkartoffeln zu stillen. Doch kein so rechter Erfolg bzw. Geschmack wollte sich einstellen. Die Kartoffel-Fertigprodukte blieben also in ihrer Entwicklung stecken, was der deutschen Lebensmittelindustrie von damals den Vorwurf einbrachte, dass zwar die Waffensysteme immer mehr verfeinert würden, nur die Nahrungsmittel blieben immer die gleichen.

Der wohl größte Knödelerfolg aller Zeiten sollte dann schließlich dem Nachkommen des ehemaligen kgl. bayerischen Hoflieferanten zu München, Werner Eckart, gelingen. Am 2. September 1949 stellte er bei der ersten Nahrungsmittelausstellung nach dem Kriege das erste Kartoffel-Fertigprodukt vor, den »Pfanni-Knödel«, der seinen Namen eigentlich nicht aufgrund einer groß angelegten Meinungsumfrage bekam, sondern ganz einfach nach der tüchtigen Köchin »Fanni« der Familie Eckart. Und mit diesem »Knödel halb und halb« war der Startschuss für den unendlich großen Markt der Kartoffel-Fertigprodukte getan.

Diesem »Stammknödel« sollten viele weitere Knödelsorten aus der Packung folgen, und nicht nur die Firma Eckart in München nahm sich dieser Produktion an, sondern gleich mehrere Lebensmittelhersteller traten erfolgreich in diese Fußstapfen.

Ohne chemische Zusätze wird im Grunde heute immer noch so produziert, wie es die Inkas bereits vor mehr als 2000 Jahren vorexerziert hatten: Da die Kartoffel ja zu etwa 3/4 aus Wasser besteht, legten die Inkas sie in die Sonne, wodurch ihnen das Wasser entzogen wurde. Dieser Prozess dauerte so lange, bis die Kartoffeln vollkommen ausgetrocknet waren. Dann waren sie zwar steinhart, aber leicht und haltbar. Der einzige Unterschied zu den Inkas ist, dass die Fertigprodukte-Hersteller heute die Energie steuern können, d.h., dass die Sonne in ihren Produktionsbereichen »auch nachts scheint«.

Der ersten Fertigprodukt-Knödelgeneration sollten weitere Entwicklungsstufen folgen. Noch einfacher hat's die Hausfrau bzw. der Hausmann mit dem Kochbeutelknödel, der auch die Mühe des Knetens und Knödelformens erübrigt. Fertigprodukt-Knödel schwimmen aber nicht nur in den Kochtöpfen zu Hause bei Muttern. Im Tornister so mancher Expeditionsteilnehmer reist der Knödel als Fertigprodukt in alle Welt bis hinauf zu den höchsten Gipfeln der Erde.

Dank ihrer überaus guten Haltbarkeit sind fertige Kloß- und Knödelmischungen ideal für die Vorratshaltung und gut für Situationen, wenn unerwartet Besuch kommt. Folgende Haltbarkeitsregeln sind für Knödel aus der Packung eine Faustregel:

Ungeöffnete Packungen
Gekochte Klöße	2 Jahre
Rohe Klöße	1 1/2 Jahre
Knödel halb und halb	1 Jahr
Semmelknödel	9 Monate

Angebrochene Packungen
Gekochte Klöße	3-4 Wochen
Rohe Klöße	4 Wochen
Knödel halb und halb	4 Wochen
Semmelknödel	14 Tage

Hand aufs Herz:
Wenn's schnell gehen muss, sind auch Fertig-Knödel keine Schande

Doch auch hier blieb die Entwicklung nicht stehen, denn die Teigmischungen beherrschten ab den 90er Jahren immer mehr die Kühlregale. Aus den Zutaten Speisekartoffel, Kartoffelstärkemehl, Trinkwasser, Speisesalz und den Konservierungsstoffen Kaliumsorbat, Säuerungsmittel, Zitronensäure, Antioxydationsmittel und Natriummetabisulfit, wurden Grundstoffe geschaffen, die eine ideale Mischung für Kartoffelknödel ergeben. Und weil die Kartoffelsubstanz auch noch geschwefelt ist, kann man Gewiss sein, dass die Knödel nach dem Kochen auch die gewünschte vornehme helle Farbe behalten.

Der Künste der Verfeinerung sind keine Grenzen gesetzt, denn wer die Erkenntnisse dieses Besuches mit der Vielfalt an Rezepten für Kartoffelknödel studiert hat, dem fällt es nicht schwer, dass er Knödel zaubert, die (fast) an eigene Kreationen heranreichen.

Man kam also getrost die in Butter gerösteten Weißbrotwürfel dazu geben, um fränkische Klöße zuzubereiten. Nachdem Kloßteig mit Weißbrotwürfel geformt sind, muss man die Knödel lediglich in sprudelndes Salzwasser geben, fünf Minuten kochen und anschließend rund 20 Minuten in heißem Wasser »zichen« lassen. Aus einer Packung mit 750 Gramm Inhalt lassen sich vier bis fünf Knödel formen, also für eine Mahlzeit von zwei bis vier Personen.

Und wer genau wissen möchte, was in 100 Gramm kochfertigem Kloßteig enthalten ist, hier eine Übersicht:

Brennwert	430 kj
Eiweiß	2,2 g
Kohlenhydrate	22,7 g
Fett	0,2 g
1 Be	52,9 g

Wird der Knödelteig ungeöffnet bei Temperaturen von + 2 bis + 8 Grad im Kühlschrank gelagert, sollte er am besten innerhalb von zwei bis vier Wochen verbraucht werden. Als Fertigprodukte gibt es, sieht

Auch das gab's schon: viereckige Knödel

Am 8. August 1978 stand es ganz groß in einem Münchner Boulevardblatt mit folgender Headline angekündigt: »Revolution in Bayerns Küche: Eckige Knödel! Passauer Wirt erfand Schmankerl mit Kanten.« Groß gefeiert wurde damals der Wirt vom Gasthof »Zum Innsteg«. Und das nicht nur deswegen, weil er die alte Tradition aufrecht erhielt. Jakob Bauer wollte dem runden Knödelallerlei etwas ganz anderes entgegensetzen: die »Quadro-Knödel«. Und er sollte damit Begeisterung auslösen, denn sogar Leute aus München kamen nach Passau angereist, vor allem Journalisten, um diese viereckige Spezialität einmal zu kosten.

Schlitzohrig, wie der Jackl nun mal ist, erzählte er den Reportern eine besondere Geschichte über seine Erfindung. Er tischte ihnen das Märchen auf, dass er auf die Idee grad in jenem Augenblick gekommen sei, als er sich anschickte, im Bayerischen Wald drinnen die Wolpertinger zu fangen; und damit's ihm auch geglaubt wurde, hatte er in seinem Gastzimmer einige davon präpariert zur Schau gestellt. Wolpertinger sind Fabelwesen, halb Ente, halb Hase, mit Gehörn des Rehbocks, alles der Phantasie des Jägerlateins entschlüpft. Dabei will sich der Jackl so stark konzentriert haben, dass er nicht gemerkt hatte, dass bei der Abstützung auf zwei Pflastersteine seine zwei knödelformenden Hände richtige viereckige, tiefe Abdrücke bekommen hatten. Und als er dann in seine Gasthausküche zurückkam, fiel es ihm gar nicht schwer, anstatt runde eckige Knödel zu formen. Bis zu 70 Semmelknödel im Format 5 x 5 x 5 cm fabrizierte er damals, und das alles schön und fein säuberlich mit der Hand. Dass die Knödel auch schön viereckig blieben, dafür gab der Jackl folgenden Tip: Vor dem Kochen sind die eckigen Semmelknödel kurz anzubacken. Dann bleiben sie schön fest und viereckig!

man von Marillenknödel und Germknödel ab, landläufig am meisten verbreitet in erster Linie rohe Klöße, Knödel halb und halb und gekochte Klöße. Rohe Klöße sind besonders kernig im Geschmack. Sie werden aus roh geriebenen und dann getrockneten Kartoffeln hergestellt. Die zarten gekochten Knödel bestehen dagegen aus gekochten, getrockneten Katoffeln, zusätzlich werden hier Püree-Flocken dazugegeben. Die Variante halb und halb wird aus roh geriebenen Kartoffeln und blanchierten Kartoffelstückchen gemischt. Schließlich wird vom Hersteller allen Knödelsorten neben den Gewürzen auch noch Stärke beigefügt. So bleiben die Klöße stets schön locker und fallen beim Garen nicht auseinander.

Und wenn auch in unseren Tagen immer mehr der Kloßteig den Knödeln im Kochbeutel den Rang abzulaufen scheint, weil man beim Teig ja noch vielfältige Möglichkeiten der Verfeinerung hat, etwa mit Zugabe von Sauerrahm, Petersilie, Speck, geröstetem Weißbrot usw., so ist der Kochbeutel schließlich der Sicherheitsgarant Nummer eins, falls einmal überraschend Besuch kommt. Beim Knödel im Kochbeutel wird aus verschiedenen Knödelmischungen mit Wasser ein Teig bereitet, dieser zu einem Band ausgewalzt, getrocknet, dann zu blätterförmigen, sogenannten Kartoffel-Flakes zerkleinert und abgefüllt. Sobald man die gefüllten Säckchen ins Wasser gibt, saugen die Blättchen wieder Flüssigkeit auf und formen sich schön zum Knödel, wie die Firma Pfanni, Deutschlands ältester Fertigprodukt-Knödelhersteller, deren Name 95 Prozent der Bundesbürger bekannt ist, verspricht.

Quellenverzeichnis

Walter Bickel, Suppen, zeitgemäß erprobte und bewährte Rezepte für jede Küche. Fachbuchverlag, Dr. Pfannenberg 1967, Gießen

Walter Braun Verlag, Niederbayerisches Kochbuch für den bürgerlichen Haushalt. Reprint 1975, Duisburg

Joza Brizova, Maryna Klimentora, Tschechische Küche. Verlag Prace, Praha, und Verlag für die Frau 1984, Leipzig

Burda-Kochbuch, Das Gefrier-Kochbuch. Verlag Aenne Burda 1979, Offenburg

Bernd Degen, Die waldlerische Kuchl. Verlag Morsak 1981, Grafenau

E. A. Fleischmann, Baierisches National-Kochbuch. 1824, München

Paul Friedl, Die niederbayerische Kuchl. Verlag Morsak 1971, Grafenau

Erna Horn, Von Knötelein, Knödchen und Knödeln. Kochbuchverlag Heimeran 1976, München

Margrete Kalle, Ich koche für Dich. Ebner-Verlag 1973, Ulm

Marianne Kaltenbach, Virginia Cerabolini, Aus Italiens Küche. Hallwag Verlag, Bern und Stuttgart

Heinrich Klietsch, Joh. Herm. Siebell, Bamberger Kochbuch. Verlag Tobias Göbhardt, 1805, Bamberg

Cardine Kümicher, Die Kartoffelküche. 1865, Bern

Pfanni-Werke, Ein Unternehmen für den Verbraucher. transcontrakt-Verlagsgesellschaft 1979, Bonn

Pfanni-Werke, Schlank mit Kartoffeln.

Magdalena D. Rettig, Hausköchin. Verlagsbuchhandlung Jaroslav Pospisil 1888, Prag / CSSR

Marie von Pokitansky, Die Österreichische Küche. A. Edlingers Verlag 1913, Wien

Georg Queri, Kraftbayrisch. Deutscher Tachenbuch-Verlag 1970, München

Josef Schlicht, Blauweiß in Schimpf und Ehr und Leid. Rosenheimer Verlagshaus 1973, Rosenheim

Walter Schmidtkunz, Das leibhaftige Liederbuch. Möseler Verlag, Wolfenbüttel und Zürich

Michael Schulte, Das große Karl Valentin Buch. R. Piper & Co. Verlag 1974, München-Zürich

Wilhelm Völksen, Auf den Spuren der Kartoffel in Kunst und Literatur. Verlag Ernst und Werner Gieseking 1975, Bielefeld

Theodor Wanderer-Verlag, Neuestes Klöß- oder Knödelbüchlein nach fränkisch-bayrischer Weise. 1880, Kulmbach.

Register

Apfelklöße, Rheinische 93
Apfelknödel 96
Apfelknödel aus Spätzleteig 93
Aprikosenknödel 92
Altbayerische Grammelknödel 41

Bauernklöße nach Schweizer Art 69
Bauernknödel, Niederbayerische 71
Bauernknödel, Steirische 41
Bayerische Grießknödel 65
Bayerische Hochzeitsknödel 81
Bayerische Käseknödel 84
Bayerische Leberknödel 20
Bayerische Reibeknödel 50
Beureks 79
Böhmische Kartoffelknödel mit Grieß . . 67
Böhmische Klopse 87
Böhmische Knödel mit Hefe 73
Böhmische Knödel nach einem
 alten Rezept 42
Böhmische Knödelreste 98
Böhmische Semmelknödel 42
Böhmische Semmelknödel, herzhaft . . . 47
Böhmische Topfenknödel 80
Bohnenknödel 48
Braune Fischsuppe mit Knöderln 30
Brezenknödel, gebacken 46
Brotknödel 37
Bummerer 100
Butternocken, Suppeneinlage 29

Dänische Wildklößchen 86
Deggendorfer Knödelrezept 88

Dijoner Kraftbrühe 86

Egerländer Grießglitscha 67
Egerländer Hefe-Semmelknödel 47
Essigknödel 97

Feine Schöberlsuppe 29
Festtagsknödel
 aus dem Bayerischen Wald 65
Fischblällchen, finnische Art 31
Fleckknödel 100
Fleischklößchen, englische 78
Fischklöße mit Spinat 33
Fischknödel 32
Fleischknödelchen in Parmesan-Käse . . . 79
Fleischknödel, feine 78
Fleischknödel in Kapernsoße 78
Fleischklöße 78
Fleischklößchen 24
Fleischklößchen aus Bratwürsten 22
Fränkische Hochzeitssuppe 28
Fränkische Mehl-Semmelknödel 47

Gebackene Grießklöße 65
Gebackene Knödel, Suppe mit 19
Geflügelklößchen 29
Gefüllte Hefeklöße 73
Gefüllte Kartoffelknödel 58
»Gekrönte Häupter« 49
Germknödel 75
Geröstete Knödel mit Ei 97
Geröstete Knödel
 mit Schinken oder Wurst 97

Register

Geröstete Knödel
   mit Zwiebel und Ei 98
Gewöhnliche Klöße
   von rohen Kartoffeln 52
Gewürzknödel 44
Gnocchi aus Grieß 68
Gnocchi aus Kartoffelteig 63
Gnocchi di patate con borro verde 62
Gnocchi
   mit Zucchini-Möhrengemüse 63
Grammelknödel 103
Grießknödel mit Petersilie 67
Griebenknödel, Niederbayerische 71
Grießglitscha, Egerländer 67
Grießknödel 69
Grießknödel auf andere Art 69
Grießklöße, Gebackene 65
G'wichste 100
Grießknödel auf die süße Art 67
Grießknödel, Bayerische 65
Grießknödel mit Petersilie 67
Grießnocken 68
Grießnocken mit Milch 68
Girßnocken, pikante 69
Grießnockerlsuppe 22
Grüne Klöße aus dem Vogtland 58

Halbleinerne 103
Halbseidene Klöße 60
Hasenknödel, Niederbayerische 86
Hauberlinge 103
Hechtenknödel 34
Hechtklößchen in Champagnersoße 30
Hefeklöße, Gefüllte 73
Hefeklöße, Österreichische 77
Hefeklöße, Schlesische 73
Hefe-Serviettenklöße 75
Heidelbeernocken 94
Hennenknödel 29
Hirnknödel 22
Hirnknödelchen 79

Hochzeitsknödel 46
Hochzeitsknödel, Bayerischer 81
Hochzeitsknödel, Steirischer 46

Jägerklöße 46

Kalbfleischklößchen in der Suppe 28
Kartoffelbällchen, fein 54
Kartoffel-Grießknödel 54
Kartoffelklößchen 51
Kartoffelklößchen nach Berner Art 53
Kartoffelklößchen, Suppeneinlage 28
Kartoffel-Klöße 49
Kartoffelknödel bürgerlich 49
Kartoffelknödel, fränkische 54
Kartoffelknödel, Gefüllte 58
Kartoffelknödel mit Kremeln 51
Kartoffelknödel, rohe 54
Kartoffelknödel, Wiener 53
Kartoffel-Möhrenknödel 56
Kartoffelnocken 64
Kartoffel-Wickelkloß 64
Kartoffelwickelknödel 57
Käseklößchen 28
Käseklöße 80
Käseknödel 84
Käseknödel, Bayerische 84
Käseknödel, Österreichische 81
Käsenocken 80
Kirschknödel in Hefeteig 93
Kleine Kartoffelbällchen 54
Kleine Knödel vom Salm 34
Klops in Kaperntunke 88
Klößchen aus Kalbfleisch 24
Klöße auf »Motten« 62
Knödel auf Pinzgauer Art 42
Königsberger Klopse 88
Krebs- und Leberknödel 19
Kümmel-Kartoffelknödel 57
Kufta 78

Register

Leberklößchen mit Kalbs- oder Poulardenleber 21
Leberknödel, Bayerische 20
Leberknödel mit Hackfleisch 20
Leberknödel nach Elsässer Art 21
Lebernockerl 28

Maisklößchen 69
Mandel-Reisklößchen, Süße 72
Markklößchen 22
Mehlklöße aus Pommern 71
Milzknödel, gebacken 26
Mohnklöße oder Mohnspielen 94
Mohnnocken 94
Münchner Maroniknödel 48
Münchner Semmelknödel
   mit Pfifferlingen in Rahmsoße ... 36

Niederbayerische Bauernknödel 71
Niederbayerische Griebenknödel 71
Niederbayerische Hasenknödel 86
Niederbayerische Kartoffelknödel ... 51
Niederbayerische Teigknödel 38
Nocken, gebackene 94
Nockerl, Steyerische 83

Oberfränkischer Serviettenkloß 48
Obstklöße 92
Original Königsberger Klopse 88
Österreichische Hefeklöße 77
Österreichische Käseknödel 81

Petersilienklößchen 26
Pfälzer Schwemmknödel 75
Pflaumenklöße, Sächsische 93
Pilzknödel 87
Pilzknödel, Tiroler 87
Pommersche Fleischkrapfen 29

Quarkklöße 80

Quarkklöße mit Grieß 82
Quarkknödel 83

Reibeknödel, Bayerische 50
Reisklößchen 27
Reisklößchen, gebacken 72
Reisklöße, Süße 72
Reisnocken, überbackene 69
Rheinische Apfelklöße 93
Rohe Kartoffelknödel 54

Sächsische Pflaumenklöße 93
Sächsische Speckklöße 38
Sauerkrautknödel 100
Sauerkrautklöße, Westfälische 58
Schinkenklößchen 24
Schlesische Hefeklöße 73
Schlesische Kließla 57
Schlesische Semmelknödel 41
Schwemmklößchen 28
Schwemmklößchen, andere Art 29
Schwemmknödel, Pfälzer 75
Seefischklößchen 32
Seefischklößchen mit Parmesan 33
Seidene Klöße 60
Semmelklößchen 27
Semmelklöße 36
Semmelklößel, Schlesische 41
Semmelknödel 35
Semmelknödel, Böhmische 47
Semmelknödel mit Speck 37
Semmelknödel mit Grieß 38
Semmelknödel, Münchner 36
Serviettenkloß, gefüllter 46
Serviettenkloß, Oberfränkischer 48
Serviettenkloß, wienerisch 44
Serviettenknödel mit Rauchfleisch .. 43
Serviettenknödel mit Toastbrot 43
Speckklöße, Sächsische 38
Speckknödel, Tiroler 38

Spinatnocken 83
Steyerische Bauernknödel 41
Steyerische Nockerl 83
Südtiroler »Preßknödel« 47
Süße Mandel-Reisklößchen 72
Süße Reisklöße 72

Teigknödel, Niederbayerische 38
Thüringer Klößchensuppe 22
Thüringer mit Grieß 56
Tiroler Fastenknödel 38
Tiroler Klöße 71
Tiroler Pilzknödel 87
Tiroler Speckknödel 38
Topfenknödel, Böhmische 80
Topfennockerl 82

Überraschungsknödel 60

Westfälische Sauerkrautklöße 58
Wickelklöße
  aus dem Erzgebirge und Sachsen 62
Wiener Kartoffelknödel 53
Wildklößchen, Dänische 86
Wolpertinger Speckknödel 103

Zimtnocken 68
Zwetschgenknödel mit Kartoffelteig 91
Zwetschkenknödel, andere Art 91
Zwetschkenknödel mit Erdäpfelteig 91
Zwetschkenknödel mit Nudelteig 91
Zwetschken-Knödel mit Topfenteig 91